# Les Desserts de nos Grands-Mères

ALETH THOMAS
STÉPHANIE GENTILINI

PHOTOGRAPHIES ET STYLISME
DE SOIZIC CHOMEL DE VARAGNES

Rustica éditions

# Sommaire

# Desserts de saison

Au retour des beaux jours, les paniers se remplissent de fruits au rythme des rires et des bavardages. Plus simplement disposés dans une corbeille, ils chantent l'été et redonnent une âme à la maison endormie derrière ses volets clos.

Pommes, poires, raisins, noisettes, noix ! Autant d'ingrédients qui annoncent le retour de l'automne. Il fait un peu plus frais, mais la lumière d'octobre ensoleille les pommiers chargés de fruits pourpre et or sous leur feuillage sombre virant à l'ocre. Les ceps de vigne sont chargés de grappes, et l'on fait des provisions de noix, noisettes et châtaignes à l'occasion de promenades dominicales où les feuilles crissent sous nos pas.

En hiver, les nuits sont interminables, la pluie, la neige, la bise glaciale ajoutent à la confusion. Même les pâles rayons d'un soleil sans force n'arrivent pas à réchauffer l'atmosphère embrumée. Qu'il est alors doux de se réunir dans un intérieur bien chaud pour déguster ces gâteaux dont l'odeur fait oublier les aléas extérieurs.

# Printemps-été

*Les gourmands choisiront pour cette tarte des fruits parfumés, et laisseront aux puristes le soin de polémiquer sur l'origine de la fraise : doit-elle son nom à M. Frézier, capitaine breton qui rapporta des plants du Chili ou au latin fragrare signifiant « embaumer » ?*

# Tarte aux fraises

500 g de fraises
250 g de pâte sablée
20 cl de lait
1 jaune d'œuf
40 g de sucre
15 g de farine ou de Maïzena
1 noix de beurre pour le moule
1 gousse de vanille
1 petit bol de gelée de groseilles
quelques gouttes d'une liqueur de fruits rouges (fraise, framboise...)
légumes secs pour la cuisson à blanc

## Le secret de grand-mère

**S'il vous reste quelques macarons un peu desséchés, écrasez-les finement et intégrez-les à la crème.**

Préchauffez votre four à 180 °C (th. 7).

Dans une casserole, faites bouillir le lait avec la gousse de vanille fendue et laissez infuser quelques instants.

Dans un saladier, fouettez le jaune d'œuf avec le sucre jusqu'à ce que le mélange blanchisse ; ajoutez la farine ou, pour une crème plus légère, la Maïzena, puis le lait chaud tout en continuant à brasser la préparation.

Versez cette crème dans une autre casserole ; laissez cuire en battant continuellement jusqu'à ce qu'elle épaississe.

Étalez votre pâte puis tapissez-en un moule à tarte beurré, de préférence à fond amovible pour faciliter le démoulage. Piquez le fond avec une fourchette puis recouvrez d'un rond de papier sulfurisé sur lequel vous disposerez une poignée de légumes secs.

Faites cuire au four 10 minutes. Retirez les légumes secs et le papier sulfurisé et remettez au four une vingtaine de minutes.

Lavez et équeutez les fraises ; coupez-les en deux si elles sont grosses. Disposez-les sur la tarte.

Faites chauffer rapidement la gelée de groseilles avec quelques gouttes d'une liqueur de fruits rouges, puis badigeonnez les fraises à l'aide d'un pinceau.

*À l'origine, les framboises étaient blanches ; Ida, la nourrice de Zeus, voulut en cueillir pour cet enfant qu'elle avait en garde. En se baissant pour choisir les plus pulpeuses, elle s'égratigna le sein et depuis ce jour les framboises prirent la couleur du sang.*

# Tarte aux framboises

500 g de framboises
½ pot de gelée de groseilles
légumes secs pour la cuisson à blanc

**POUR LA PÂTE**
250 g de farine
125 g de beurre mou + 1 noix pour le moule
80 g de sucre
½ paquet de levure

Dans une jatte, mélangez la farine, la levure, le sucre et le beurre mou ; du bout des doigts, formez une boule que vous laisserez reposer 30 minutes au frais.

Préchauffez votre four à 180 °C (th. 5-6).

Étalez votre pâte au rouleau en lui donnant environ 5 mm d'épaisseur, puis transférez-la délicatement dans un moule à tarte généreusement beurré ; piquez-la à l'aide d'une fourchette puis posez dessus un rond de papier sulfurisé recouvert d'une poignée de légumes secs.

Faites-la cuire ainsi environ 15 minutes, puis retirez le papier et les légumes secs et laissez dorer encore 5 minutes. Laissez refroidir.

Recouvrez entièrement votre fond de tarte de framboises fraîchement cueillies.

Faites chauffer la gelée de groseilles dans une casserole avec quelques gouttes d'eau. À l'aide d'un pinceau, badigeonnez-en copieusement les fruits.

## Le secret de grand-mère

**La conservation des framboises est particulièrement délicate : cueillez-les au fur et à mesure de vos besoins.**

*Dès le XIII<sup>e</sup> siècle, la rhubarbe pénètre en Europe où les moines la cultivent dans un but médicinal. La plante devient très prisée au XVI<sup>e</sup> siècle. Il faudra attendre le XVIII<sup>e</sup> siècle pour qu'elle soit plus courante dans notre alimentation.*

# Tarte rhubarbe-fraise

500 g de rhubarbe
500 g de fraises
150 g de sucre semoule
1 gousse de vanille
sucre glace

**POUR LA PÂTE**
250 g de farine
125 g de beurre mou
+ 1 noix pour le moule
½ cuil. à café de sel
1 petit verre à moutarde d'eau

## Le secret de grand-mère

**Contrairement aux autres fruits, plus la rhubarbe est mûre, plus elle est acide ! Il vous suffit donc de la récolter avant sa pleine maturité, c'est-à-dire lorsque ses tiges sont plus vertes que rouges, pour obtenir une compote plus douce.**
**Vous l'adoucirez également en lui ajoutant 2 ou 3 cuillerées à soupe de crème fraîche.**

Préparez la pâte en émiettant le beurre mou dans la farine ; pétrissez rapidement du bout des doigts (la matière grasse ne doit pas fondre). Diluez le sel dans l'eau. Versez le liquide pour obtenir une boule ni trop sèche ni trop molle.

Épluchez et taillez la rhubarbe en bâtonnets de 3 à 4 cm, puis débarrassez-la de la fine pellicule rouge qui la recouvre : comme pour le céleri-branche, décollez la membrane à une extrémité avec un couteau fin et tirez jusqu'à l'autre extrémité. Elle sera ainsi moins filandreuse.

Dans une casserole, faites cuire la rhubarbe 10 minutes avec un demi-verre d'eau, le sucre et la gousse de vanille que vous n'oublierez pas de retirer en fin de cuisson.

Égouttez la rhubarbe en conservant le jus de cuisson puis écrasez-la dans un saladier avec une fourchette.

Foncez un moule à tarte beurré, piquez la pâte à l'aide d'une fourchette et faites cuire à blanc pendant 15 minutes à 200 °C (th. 6-7).

Baissez la température du four à 150 °C (th. 4).
Versez la compote sur la pâte et enfournez à nouveau pour 10 minutes. Laissez refroidir.

Faites réduire le jus de cuisson de la rhubarbe de manière à obtenir un sirop léger.

Au moment de servir, disposez les lamelles de fraises sur la tarte. À l'aide d'un pinceau, nappez-les du sirop de rhubarbe et saupoudrez de sucre glace.

*Carême, célèbre pâtissier du XIX^e siècle, fut le créateur de la charlotte parisienne. Il prépara ce fameux dessert en l'honneur de la Grande Charlotte, épouse du roi d'Angleterre George III puis en confectionna pour les grandes maisons dont il assurait le service.*

# Charlotte aux fraises

500 g de fraises
30 à 35 biscuits à la cuillère
120 g de sucre
30 cl de crème fraîche
1 citron
1 cuil. à soupe de gelée de mûres
quelques gouttes d'extrait de vanille
quelques feuilles de menthe
3 feuilles de gélatine

**POUR LE COULIS**
300 g de fraises
2 cuil. à soupe bombées de sucre

## Le secret de grand-mère

**Pour une charlotte plus moelleuse, imbibez les biscuits avec un sirop parfumé au kirsch, à la liqueur de fraise ou de framboise. Trempez chaque biscuit quelques secondes seulement afin de ne pas le détremper.**
**Votre charlotte démoulée sera plus jolie si vous imbibez uniquement la partie plate des biscuits car le sucre glace de la partie bombée ne sera pas dissous.**

Lavez et équeutez les fraises ; réservez-en quelques-unes pour la décoration et coupez les autres en morceaux.

Laissez-les mariner avec le jus d'un demi-citron, 40 g de sucre et la gelée de mûres.

Dans un saladier, fouettez la crème très froide en chantilly. Lorsqu'elle devient mousseuse, ajoutez le sucre restant et quelques gouttes d'extrait de vanille.

Faites ramollir les feuilles de gélatine dans de l'eau froide puis dissolvez-les dans 2 cuillerées à soupe d'eau chaude. Laissez tiédir puis mélangez délicatement la gélatine à la crème ; ajoutez les fraises.

Tapissez un moule à charlotte de papier sulfurisé ou d'une feuille d'aluminium. Posez dans le fond des biscuits coupés en biseau, face bombée contre le moule. Disposez ensuite des biscuits entiers contre la paroi verticale du moule en coupant les extrémités si elles dépassent le bord.

Remplissez la moitié du moule avec la préparation aux fraises ; recouvrez d'une couche de biscuits puis renouvelez l'opération pour finir par une couche de biscuits.

Recouvrez de papier sulfurisé puis d'une assiette et posez un poids dessus ; laissez au réfrigérateur une douzaine d'heures.

Au moment de servir, préparez le coulis : mixez les fraises avec le sucre et le jus du demi-citron restant. Démoulez la charlotte, décorez-la avec des feuilles de menthe et les fraises réservées, et servez accompagné du coulis.

*Un jour, un pâtissier confectionna un biscuit de Savoie dont les blancs montèrent mal. Pour masquer ce défaut, il ajouta du beurre et recouvrit le gâteau de pralin. Le biscuit eut du succès et on le nomma « biscuit manqué ». On créa alors un moule spécifique.*

# Gâteau aux abricots

500 g d'abricots bien mûrs
200 g de farine
150 g de sucre
180 g de beurre mou
+ 1 noix pour de moule
3 gros œufs
50 g de poudre d'amandes
1 poignée d'amandes effilées
quelques gouttes d'extrait de vanille
sel

Préchauffez votre four à 210 °C (th. 7).

Lavez, dénoyautez les abricots puis coupez-les en quatre.

Dans une terrine battez le sucre, le beurre et une pincée de sel jusqu'à ce que le mélange blanchisse.

Ajoutez un peu de farine, les œufs un à un, la poudre d'amandes, la vanille puis le reste de farine.

Dans un moule à manqué beurré, éparpillez la moitié des amandes et recouvrez-les de la moitié de la pâte. Disposez les quarts d'abricots puis versez le restant de pâte et des amandes. Faites cuire environ 45 minutes.

## Le secret de grand-mère

**Après avoir sorti le gâteau du four, attendez quelques instants ; celui-ci se démoule beaucoup mieux tiède.**

*Dans les provinces françaises, on entend encore ce dicton : « À la Sainte-Madeleine, l'amande est pleine ». Cette tarte qui marie l'acidité de l'abricot à la douceur de la crème d'amandes est un véritable délice qui enchante nos papilles gustatives.*

# Tarte amandière aux abricots

1 kg d'abricots bien mûrs
1 œuf
50 g de poudre d'amandes
50 g de beurre mou
80 g de sucre
légumes secs pour la cuisson à blanc

**POUR LA PÂTE**
200 g de farine
150 g de beurre + 1 noix pour le moule
100 g de sucre
1 gros œuf
40 g de poudre d'amandes
sel

## Le secret de grand-mère

**La pâte très friable contribue à la finesse de ce dessert mais rend le démoulage délicat : il est préférable d'utiliser un moule en porcelaine que vous poserez directement sur la table.**

Commencez par préparer la pâte : mêlez la farine, la poudre d'amandes, le sucre et une pincée de sel ; ajoutez le beurre mou et travaillez du bout des doigts jusqu'à ce qu'elle devienne sableuse ; incorporez l'œuf.

Formez une boule. Couvrez-la d'un torchon propre et laissez-la reposer 30 minutes dans un endroit frais.

Pendant ce temps, lavez les abricots, coupez-les en deux et retirez les noyaux.

Préchauffez votre four à 180 °C (th. 5-6).

Étalez délicatement à la main votre pâte dans un moule à tarte beurré. Piquez le fond à l'aide d'une fourchette ; disposez dessus un rond de papier sulfurisé et des légumes secs puis faites-la cuire 15 minutes au four.

Pendant ce temps, à l'aide d'une fourchette, mélangez dans un bol la poudre d'amandes avec 50 g de sucre, le beurre mou et l'œuf jusqu'à obtention d'une crème homogène.

Sortez le moule du four, ôtez les légumes secs et le papier. Étalez la crème sur le fond de tarte puis disposez les oreillons d'abricots, côté bombé dessous.

Pour la décoration, formez éventuellement des croisillons avec les chutes de pâte puis saupoudrez la tarte du restant de sucre.

Passez au four 25 à 30 minutes.

*Les enfants goûtent toujours avec le même plaisir ces fameuses pêches de vigne cueillies sur l'arbre, à la chair délicate et fondante. De retour à la maison, l'appétit est aiguisé par l'odeur unique qui s'échappe du four !*

# Fondant de pêches

5 pêches ou 5 brugnons
2 jaunes d'œufs
2 cuil. à soupe de sucre
1 cuil. à soupe de crème fraîche
2 cuil. à soupe d'amandes effilées
5 cuil. à soupe de Grand Marnier
1 noix de beurre pour le moule

**POUR LA PÂTE**
180 g de farine
2 gros œufs
80 g de sucre
1 sachet de sucre vanillé
1 petit verre à moutarde de crème fraîche
1 cuil. à café de levure chimique

## Le secret de grand-mère

**Ce gâteau savoureux permet d'utiliser les pêches un peu trop mûres ou légèrement abîmées. La pâte met en valeur leur parfum et sait cacher leur aspect extérieur.**

Ébouillantez les pêches quelques secondes avant de les peler. Coupez-les en deux, ôtez les noyaux et faites mariner une vingtaine de minutes dans le Grand Marnier.

Dans une terrine, préparez la pâte : travaillez au fouet les œufs et les sucres jusqu'à obtention d'un mélange mousseux, ajoutez la crème fraîche. À l'aide d'une spatule, incorporez la farine tamisée avec la levure.

Versez cette pâte dans une tourtière de bonne taille généreusement beurrée ; elle ne doit pas excéder 2 cm d'épaisseur.

Égouttez les pêches et conservez leur jus de macération ; disposez-les sur la pâte.

Pour la garniture, mélangez les jaunes d'œufs, le sucre, la crème fraîche, les amandes et le jus de macération des pêches ; versez autour des fruits.

Faites cuire 15 minutes au four préchauffé à 180 °C (th. 5-6) puis augmentez la chaleur du four à 200 °C (th. 6-7) et continuez la cuisson 25 minutes en couvrant le gâteau d'une feuille d'aluminium. Servez tiède ou froid.

*Par un bel après-midi de fin d'été, aucun gourmand ne résiste au plaisir de croquer une figue juteuse cueillie sur l'arbre. Comme les cuisinières d'hier, vous réserverez les figues déjà fendues à la dégustation immédiate et choisirez pour ce gratin des fruits moins mûrs.*

# Gratin de figues

12 figues
25 g de beurre mou
1 œuf
25 g de sucre glace
25 g de poudre d'amandes
2 cuil. à soupe de groseilles, cassis ou framboises

**POUR LE COULIS**

1 bol de fraises, de framboises ou de cassis
2 cuil. à soupe de sucre
le jus de ½ citron

Préchauffez le four à 190 °C (th. 6).

Lavez les figues puis, à l'aide d'un couteau, faites une incision en forme de croix à partir de la pointe jusqu'à mi-hauteur, en écartant délicatement les quatre coins.

Mélangez le jaune d'œuf et le sucre glace jusqu'à ce que le mélange blanchisse. Ajoutez le beurre très mou puis la poudre d'amandes.

Montez le blanc en neige très ferme et incorporez-le délicatement à cette crème.

Glissez la préparation à l'intérieur de chaque figue que vous disposerez sur un plat allant au four.

Faites cuire une dizaine de minutes : les fruits doivent être chauds au cœur et la crème dorée.

Pendant ce temps, mixez les fruits, le jus de citron et le sucre pour le coulis.

Après avoir sorti le gratin du four, attendez quelques minutes puis servez avec le coulis de fruits. Décorez avec les groseilles, les cassis ou les framboises.

## Le secret de grand-mère

**Avec les framboises, votre dessert sera doux et sucré ; avec les cassis ou les groseilles, il sera plus tonique, plus musqué, plus acide.**

*Les fruits traditionnellement utilisés dans le Limousin sont les petites cerises noires, dont les noyaux donnaient prétexte à un jeu : à la fin du repas, chaque convive comptait le nombre de noyaux dans son assiette ; celui qui en avait le plus était le vainqueur !*

# Clafoutis

1 kg de cerises noires bien mûres ou de griottes surgelées
150 g de sucre + 1 cuil. à soupe après cuisson
150 g de farine
3 œufs
40 cl de lait
75 g de beurre + 1 noix pour le plat
2 cuil. à soupe de kirsch (facultatif)
2 ou 3 gouttes d'essence d'amande amère (facultatif)

Lavez puis équeutez les cerises. La recette traditionnelle les emploie entières, mais vous pouvez les dénoyauter.

Préchauffez votre four à 180 °C (th. 5-6).

Dans une terrine, tamisez la farine puis faites un puits en son centre. Versez le sucre puis cassez les œufs un à un en fouettant régulièrement ; incorporez petit à petit le beurre fondu puis le lait et éventuellement le parfum. Si vous avez dénoyauté les cerises, ajoutez l'essence d'amandes. Vous devez obtenir une pâte lisse et onctueuse, plus épaisse qu'une pâte à crêpes.

Beurrez généreusement un plat en terre ou en porcelaine. Disposez les cerises sur le fond puis versez la pâte.

Laissez cuire 45 à 50 minutes ; saupoudrez légèrement de sucre et servez tiède.

## Le secret de grand-mère

**S'il vous reste un blanc d'œuf du repas précédent, montez-le en neige bien ferme et incorporez-le dans ce dessert qui deviendra plus léger et plus aérien.**

*Premiers fruits de l'été, les cerises ont toujours été accueillies avec joie. À l'origine, cette recette se préparait avec des tranches de pain de campagne, mais les mijettes sont bien meilleures avec de la brioche rassise.*

# Mijettes aux cerises

750 g de cerises
6 tranches épaisses de brioche
40 g de beurre mou
175 g de sucre
¼ de litre de vin rosé
1 cuil. à soupe de fécule
cannelle

## Le secret de grand-mère

**Ne faites pas attendre ce dessert, il est délicieux chaud.**

Équeutez et dénoyautez les cerises.

Dans une casserole, faites-les cuire à feu doux 20 minutes avec 125 g de sucre, la cannelle et le vin dont vous aurez mis de côté 3 cuillerées à soupe.

Beurrez les tranches de brioche sur leurs deux faces ; saupoudrez-les du restant de sucre puis faites-les caraméliser sous le gril du four.

Égouttez les cerises en gardant le jus de cuisson. Délayez la fécule avec les 3 cuillerées de vin réservées ; mélangez au jus de cuisson des cerises et remuez doucement en remettant sur le feu.

Disposez les tranches dorées sur un plat de service, garnissez-les avec les cerises égouttées puis nappez-les avec le jus lié.

*D'origine italienne, le sabayon accompagnait autrefois les puddings chauds ou rendait toute leur noblesse aux fruits fraîchement cueillis. Le vin blanc entrait dans sa confection, mais lorsque l'asti ou le champagne le remplaçaient, ce dessert prenait un air de fête !*

# Gratin de fruits au sabayon

500 g de fruits rouges mélangés (cassis, groseilles, framboises, mûres...)
4 jaunes d'œufs
3 cuil. à soupe de vin blanc
4 cuil. à soupe de sucre
1 cuil. à soupe de Grand Marnier

Mélangez dans une terrine les jaunes d'œufs, le sucre et le vin blanc.

Posez le récipient sur une large casserole d'eau frémissante et fouettez vivement jusqu'à ce que le mélange double de volume et épaississe. Ajoutez le Grand Marnier.

Disposez les fruits dans de petites coupelles puis recouvrez-les de sabayon.

Passez rapidement sous le gril du four et servez aussitôt.

## Le secret de grand-mère

**Le sabayon se prépare au dernier moment. Cependant, si vous désirez le faire un peu à l'avance, vous pouvez ajouter, avant la cuisson, une demi-cuillerée à café de Maïzena que vous diluerez dans le vin blanc. Il sera un peu plus épais mais ne risquera pas de retomber. Vous pouvez remplacer les fruits rouges par des fruits jaunes : abricots, pêches, poires coupés en lamelles...**

*Les mères de famille ne méconnaissent pas les qualités de ce fruit, riche en vitamines C et A. Saviez-vous que pendant la Seconde Guerre mondiale, les aviateurs anglais recevaient de la gelée de myrtille dans leur ration afin d'améliorer leur acuité visuelle ?*

# Tarte aux myrtilles

500 g de myrtilles
2 œufs
75 g de sucre
80 g de beurre fondu
100 g de poudre d'amandes
2 gouttes d'extrait de vanille

**POUR LA PÂTE**
200 g de farine
100 g de beurre
½ cuil. à café de sel
½ verre à moutarde d'eau

Pour la pâte, mettez la farine dans une terrine ; ajoutez le beurre coupé en très petits morceaux, le sel puis très peu d'eau. Formez rapidement une boule avec les mains, sans pétrir. Laissez-la reposer 1 heure au frais.

Étalez la pâte et garnissez-en votre moule ; piquez la pâte à la fourchette puis posez un moule plus petit sur le fond. Faites cuire à blanc une dizaine de minutes au four préchauffé à 200 °C (th. 6-7).

Éparpillez les myrtilles sur le fond de tarte.

Dans un bol, mélangez les œufs avec le sucre, la poudre d'amandes, le beurre préalablement fondu et l'extrait de vanille.

Versez cette crème sur les myrtilles et poursuivez la cuisson pendant 40 minutes.

Servez la tarte tiède, presque chaude, avec une boule de glace à la vanille ; ou froide, parsemée de sucre glace.

## Le secret de grand-mère

**Si vous remplacez les myrtilles par des groseilles ou des cassis, ajoutez à la crème une bonne cuillerée à soupe de sucre en poudre.**

*« La nuit de Noël la lune, Il n'y aura pas beaucoup de prunes », nous rappelle un dicton vendéen. Tous ont oublié l'état du ciel cette nuit-là, mais comme le prunier croule sous les fruits, on pense se souvenir que les nuages étaient au rendez-vous...*

# Tarte aux prunes

750 g de prunes (mirabelles, quetsches...)
1 cuil. à soupe de semoule
3 cuil. à soupe de sucre
légumes secs pour la cuisson à blanc

**POUR LA PÂTE**
200 g de farine
100 g de beurre + 1 noix pour le moule
½ cuil. à café de sel
½ verre à moutarde d'eau

## Le secret de grand-mère

**Pour une jolie présentation, associez deux variétés de prunes de couleur ou de taille différentes : disposez par exemple des mirabelles au centre et des quetsches sur le pourtour.**

Préchauffez le four à 220 °C (th. 7).

Mettez la farine dans une terrine ; à l'aide d'un couteau, divisez le beurre en très petits morceaux. Ajoutez le sel puis un peu d'eau. Formez rapidement une boule avec les mains, sans pétrir. Laissez-la reposer 1 heure au frais.

Étalez votre pâte ; garnissez-en un moule à tarte beurré d'environ 24 cm de diamètre. Piquez le fond à l'aide d'une fourchette ; recouvrez-le d'un rond de papier sulfurisé sur lequel vous disposerez une poignée de légumes secs.

Faites précuire votre pâte durant 10 minutes environ.

Pendant ce temps, lavez, coupez en deux et dénoyautez les prunes.

Sortez le moule du four et retirez le papier ainsi que les légumes secs. Saupoudrez de la semoule mélangée à 1 cuillerée à soupe de sucre ; ce mélange permettra d'absorber le jus de fruits et de garder la pâte croustillante.

Disposez les prunes sur la tarte, face bombée contre le fond ; ainsi, elles conserveront mieux leur jus. Saupoudrez du reste de sucre et faites cuire 30 minutes environ.

*Le jour où la grande bassine à confiture embaume la cuisine et retient toute l'attention, on peut décider d'oublier tartes et gâteaux et régaler les petits comme les grands d'une salade de fruits rouges, fraîche et colorée à souhait. Gageons que nul ne s'en plaindra !*

# Salade de fruits rouges

1 poignée de chacun des fruits rouges disponibles, selon la saison, soit,
1 poignée de fraises
1 poignée de framboises
1 poignée de groseilles
1 poignée de cassis
1 poignée de mûres ou 1 poignée de cerises
2 cuil. à soupe de gelée de mûres ou de framboises
2 cuil. à soupe de sucre
le jus de ½ citron
4 feuilles de menthe

Lavez les fruits, sauf les framboises, que vous passerez délicatement dans un torchon propre. Équeutez les fraises puis, selon leur grosseur, coupez-le en deux ou en quatre. Dénoyautez les cerises.

Dans un saladier, liquéfiez la gelée de fruits et le sucre avec le jus de citron ; mélangez délicatement avec les fruits. Ajoutez les feuilles de menthe ciselées.

Laissez macérer au moins 2 ou 3 heures ; servez très frais.

## Le secret de grand-mère

**À la place de la menthe, 1 ou 2 cuillerées de liqueur de cassis, de mûres ou de framboises libéreront l'arôme des différents fruits.**

# Automne

*À la sortie du four, ces pommes nous apparaissaient telle une gravure automnale, rougies par la confiture qui débordait de leur cœur lors de la cuisson.*

# Pommes au four

6 grosses pommes
6 cuil. à café de sucre roux
6 noisettes de beurre
6 cuil. à café bombées de confiture de fruits rouges (framboises, groseilles, mûres...)

Faites préchauffer votre four à 200 °C (th. 6-7).

Retirez les pépins des fruits à l'aide d'un vide-pomme puis incisez leur peau sur tout le pourtour afin qu'ils ne s'effondrent pas au cours de la cuisson.

Disposez les pommes dans un plat à gratin. Remplissez le cœur de chaque fruit d'une cuillerée de sucre, d'une noisette de beurre et d'une cuillerée de confiture.

Ajoutez un demi-verre d'eau dans le fond du plat puis faites cuire 45 à 50 minutes.

Servez les pommes encore tièdes dans leur plat de cuisson.

## Le secret de grand-mère

**Pour la réalisation de ce tableau, choisissez de préférence des pommes bien fermes, assez acides, à peau relativement épaisse (Boskoop, reine des Reinettes ou Granny...).**

*Lorsque certaines pommes mûrissaient un peu trop vite, ma grand-mère les montait à la cuisine et prévoyait un de ces desserts rapides que nous aimions. Les pommes paysannes revenaient souvent au cours de l'automne mais personne ne s'en lassait !*

# Pommes paysannes

5 grosses pommes
150 g de sucre
100 g de farine
1 gros œuf
1/3 de verre d'huile
quelques gouttes d'extrait de vanille
cannelle (facultatif)
sel

**POUR LE CARAMEL**
20 morceaux de sucre
3 cuil. à soupe d'eau
quelques gouttes de citron

Dans une casserole, faites le caramel en laissant fondre le sucre dans l'eau et le citron. Lorsqu'il est bien doré, versez-le immédiatement dans un plat à gratin en inclinant le moule en tous sens de manière à ce que le caramel en couvre le fond.

Pelez et épépinez les pommes, coupez-les en gros quartiers. Déposez-les sur le caramel.

Dans une terrine, battez l'œuf avec le sucre, une pincée de sel, l'huile, la vanille et la farine. Si vous l'aimez, ajoutez une pincée de cannelle.

Disposez cette pâte épaisse sur les pommes qui seront à peine recouvertes et faites cuire au four préchauffé à 210 °C (th. 7) durant environ 30 minutes. Servez encore tiède directement dans le plat.

## Le secret de grand-mère

**Lorsque vous faites un caramel, n'utilisez jamais de spatule pour le remuer ou l'étaler. C'est le moule ou la casserole que vous devez incliner. Si le moule que vous utilisez peut aller directement sur le feu, faites votre caramel dedans. Cela vous évitera une manipulation.**

*« Année venteuse, année pommeuse. » L'odeur de l'été est présente dans la pomme que l'on croque à pleines dents lorsque l'hiver frappe à notre porte. La compote embaume et réchauffe la cuisine alors que le givre et les frimas réapparaissent.*

# Compote de pommes meringuée

1 kg de pommes
2 blancs d'œufs
100 g de sucre pour la compote
100 g de sucre pour la meringue
1 noix de beurre
sel

## Le secret de grand-mère

**Vous pouvez parfumer votre compote avec de la vanille ou de la cannelle.**

Pelez, épépinez les pommes puis coupez-les en morceaux.

Mettez-les dans une casserole avec 1 demi-verre d'eau. Couvrez et laissez cuire 10 à 15 minutes.

À l'aide dune fourchette, réduisez les pommes en purée.

Ajoutez petit à petit le sucre en goûtant régulièrement ; la quantité de sucre ajoutée dépend de l'acidité des pommes.

Ajoutez 1 pincée de sel aux blancs puis montez-les en neige ferme en incorporant petit à petit 100 g de sucre.

Versez la compote dans un plat beurré allant au four. Recouvrez des blancs en neige.

Passez au four chaud à 240 °C (th. 8) pendant 10 minutes.

*Il y a bien longtemps, les veillées du mois d'octobre étaient réservées au « cassage des noix ». Lorsque la récolte avait été bonne, le travail se transformait vite en une partie de plaisir car on invitait voisins et amis à se réunir pour boire le vin « bourru » et libérer les noix.*

# Tourte aux pommes et aux noix

600 g de pommes
100 g de cerneaux de noix
100 g de raisins secs
80 g de sucre
1 noix de beurre pour le moule
1 cuil. à café de cannelle
1 jaune d'œuf

**POUR LA PÂTE**

300 g de farine
150 g de beurre
100 g de sucre
1 petit verre à moutarde d'eau
sel

## Le secret de grand-mère

**En fin de cuisson, vous pouvez verser dans la cheminée de la crème fraîche battue avec un peu de calvados.**

Préparez la pâte : dans une terrine, mélangez la farine et le sucre. Ajoutez le beurre coupé en petits morceaux et pétrissez à la main.

Diluez une demi-cuillerée à café de sel dans un demi-verre d'eau ; incorporez à la pâte en pétrissant. Formez deux boules : l'une avec le tiers de la pâte et l'autre avec les deux tiers. Laissez reposer au frais pendant 30 minutes.

Sur votre plan de travail légèrement fariné, étalez les 2 boules de pâte. Disposez le cercle le plus large dans une tourtière beurrée. Pelez les pommes ; retirez les pépins puis coupez les fruits en quartiers.

Hachez les cerneaux de noix. Mélangez-les avec les pommes, les raisins secs, le sucre et la cannelle. Pour renforcer le parfum de la cannelle, vous pouvez l'incorporer directement à la pâte plutôt que de l'ajouter aux fruits.

Disposez cette préparation dans la tourte. Recouvrez avec le restant de pâte. Mouillez légèrement les bords puis soudez-les en pressant avec les doigts.

Percez une cheminée au centre de la tourte. Dorez avec le jaune d'œuf puis faites cuire au four préchauffé à 210 °C (th. 7) durant 40 minutes.

Servez chaud ou tiède.

*Pomme de reinette ou pomme d'api ; rouge, verte, grise ou jaune, la pomme est un fruit qui se croque en toute saison. Dans un endroit frais, elle se conserve jusqu'au printemps. En fonction du fruit utilisé, ce feuilleté dégage de multiples arômes.*

# Feuilleté aux pommes

500 g de pâte feuilletée
7 pommes moyennes, soit environ 1 kg
50 g de sucre semoule
1 sachet de sucre vanillé
½ cuil. à café de cannelle
20 g de beurre
1 jaune d'œuf

## Le secret de grand-mère

**La quantité de sucre de la compote dépend de la variété de pomme utilisée. Commencez par en mettre très peu, goûtez puis ajoutez-en si besoin. C'est un peu la même chose pour l'eau, certaines pommes n'ont pratiquement pas besoin d'eau pour la cuisson.**

Épluchez les pommes, épépinez-les. Détaillez-en trois en fines lamelles.

Coupez les autres en morceaux puis faites-les cuire avec 1 demi-verre d'eau et le sucre semoule. Lorsqu'elles sont cuites, écrasez-les en compote à l'aide d'une fourchette ou passez-les au moulin à légumes.

Étalez la moitié de la pâte feuilletée en un grand rectangle de 3 mm d'épaisseur. Posez-la sur la tôle du four préalablement humidifiée.

Versez la compote sur le rectangle de pâte en veillant à laisser dégagés 2 cm sur tout le tour. Disposez les lamelles des pommes réservées sur la compote. Saupoudrez-les avec le sucre vanillé et la cannelle.Parsemez de quelques noisettes de beurre. À l'aide d'un pinceau, dorez les bordures avec du jaune d'œuf légèrement dilué à l'eau.

Étalez le deuxième rectangle de pâte.

Soudez les bords en appuyant tout autour avec les doigts puis égalisez-les.

Dorez le dessus de la pâte avec le restant de jaune puis entaillez la surface à intervalles réguliers.

Faites cuire à four chaud pendant 30 à 40 minutes à 210 °C (th. 7).

Servez le feuilleté tiède.

*Lorsque les douillons sortaient du four, le grand jeu était de savoir quels fruits s'y cachaient : pommes ou poires ? Parfois notre grand-mère rusait : elle en remplissait certains avec des pommes, d'autres avec des poires et tout le monde gagnait !*

# Douillon aux poires

4 très belles poires
300 g de pâte feuilletée
60 g de beurre
+ 1 noix pour le plat
2 sachets de sucre vanillé
1 cuil. à café de cannelle
en poudre
4 cuil. à soupe de gelée
de groseilles ou de framboises
1 jaune d'œuf

**POUR LE SIROP**

1 litre d'eau
250 g de sucre en morceaux
1 gousse de vanille
le jus de ½ citron

## Le secret de grand-mère

**Servez ces douillons tièdes accompagnés de crème fraîche ou, pour plus de raffinement, avec une crème anglaise. S'il en reste, ce qui est assez rare, n'hésitez pas à les resservir froids, ils seront tout aussi excellents !**

Épluchez et évidez les poires.

Préparez un sirop léger : dans une casserole, mettez l'eau, les morceaux de sucre, la gousse de vanille fendue et le jus de citron puis laissez chauffer à feu moyen. Lorsque le sucre est désagrégé, faites pocher les poires très doucement pendant 20 minutes, laissez-les refroidir dans le sirop et égouttez-les.

Étalez la pâte feuilletée assez finement en forme de carré puis partagez-la en quatre carrés de 15 cm de côté environ.

Posez une poire au centre de chacun d'eux. Répartissez le beurre coupé en morceaux autour de chaque fruit ; saupoudrez de sucre vanillé et de cannelle.

Délayez le jaune d'œuf avec quelques gouttes d'eau ; à l'aide d'un pinceau, badigeonnez les bords de chaque carré, réservez le restant.

Enfermez les poires en ramenant les quatre coins vers le haut. Avec les doigts légèrement mouillés, pressez les bords de manière à bien les souder. Laissez une petite cheminée dans le milieu et versez-y de la gelée de groseilles ou de framboises.

Dorez chaque douillon avec le jaune restant puis disposez-les dans un plat à four beurré.

Faites cuire 25 à 30 minutes dans un four préchauffé à 210 °C (th. 7).

*Cette tarte rendue célèbre par un pâtissier installé à Paris rue Bourdaloue fit le bonheur des gourmets de la fin du XIXe siècle et du début du XXe, à l'image de cette Belle Époque considérée comme une période douce et agréable.*

# Tarte Bourdaloue

4 poires
300 g de pâte brisée

**POUR LE SIROP**
¼ de litre d'eau
150 g de sucre en morceaux
le jus de ½ citron
½ gousse de vanille

**POUR LA CRÈME**
¼ de litre de lait
3 jaunes d'œufs
75 g de sucre
20 g de farine

**POUR LA PÂTE D'AMANDES**
125 g de beurre mou
125 g de poudre d'amandes
125 g de sucre glace
1 œuf
10 g de Maïzena
1 cuil. à soupe d'alcool de poires
quelques gouttes d'essence d'amande amère

## Le secret de grand-mère

**Vous pouvez napper cette tarte d'une confiture d'abricots additionnée d'alcool de poires puis la décorer avec des amandes effilées que vous aurez fait griller quelques minutes dans une poêle.**

Étalez la pâte brisée, garnissez-en un moule, piquez-la, recouvrez-la éventuellement d'un moule plus petit ou de haricots secs pour l'empêcher de boursoufler, et faites-la cuire à blanc 10 minutes dans un four préchauffé à 210 °C (th. 7).

Dans une casserole, préparez le sirop : diluez le sucre dans l'eau ; ajoutez le jus de citron et la vanille. Posez la casserole sur feu moyen en la remuant d'avant en arrière pour répartir la chaleur durant la fusion du sucre. Lorsque tous les morceaux sont désagrégés, arrêtez la cuisson ; le sirop doit être encore bien translucide mais nappant.

Pelez et coupez les poires en deux. Retirez le cœur. Faites-les pocher environ 15 minutes dans votre sirop.

Pendant ce temps préparez la crème : dans une casserole, faites bouillir le lait. Dans une terrine, mélangez les jaunes d'œufs avec le sucre et la farine. Versez le lait bouillant sur le mélange en fouettant puis reversez le tout dans la casserole. Laissez épaissir cette crème en remuant constamment puis retirez du feu.

Dans un autre saladier, préparez la pâte d'amandes : mélangez le beurre mou, la poudre d'amandes, le sucre glace, l'œuf, la Maïzena, l'alcool et l'essence d'amande amère.

Regroupez et mélangez les deux préparations.

Sur le fond de tarte précuit, disposez les demi-poires égouttées ; recouvrez-les de crème. Faites cuire à 210 °C (th. 7) pendant 25 minutes.

*La douceur de la poire est agréablement relevée par la saveur acidulée de la groseille, la reine des gelées.*

# Poires meringuées à la groseille

8 grosses poires
1 cuil. à soupe de sucre en poudre
1 cuil. à soupe de sucre vanillé
4 cuil. à soupe de sucre glace
4 cuil. à soupe de gelée de groseilles
2 cuil. à soupe d'amandes en poudre
4 blancs d'œufs
1 noix de beurre

Pelez les poires et coupez-les en lamelles. Faites-les cuire à feu doux avec le beurre, le sucre vanillé et le sucre en poudre.

Lorsque les poires sont cuites, écrasez-les grossièrement à la fourchette et mélangez-les à la gelée de groseilles.

Versez dans un plat à gratin.

Dans une terrine, montez les blancs en neige avec le sucre glace ; incorporez les amandes en poudre.

Étendez la meringue sur les fruits.

Placez le plat dans le tiers supérieur du four et faites cuire pendant environ 10 minutes à 140 °C (th. 4).

Servez chaud.

## Le secret de grand-mère

**Pour obtenir un sucre parfaitement vanillé, stockez votre sucre en poudre dans un bocal avec une gousse de vanille.**

*Les cuisinières d'autrefois aimaient mêler les épices – cannelle, vanille, gingembre, girofle… – aux fruits du verger. Leurs parfums rompaient la monotonie et apportaient de l'exotisme à leur cuisine en relevant d'une pointe de mystère les saveurs traditionnelles.*

# Compote vigneronne

4 pêches
3 poires
4 pommes à chair ferme
2 grappes de gros raisin
100 g de cerneaux de noix
250 g de sucre roux
1 bonne bouteille de vin rouge
1 verre de jus de raisin
1 clou de girofle
1 petite cuil. à café de cannelle
1 pincée de gingembre en poudre
1 graine de poivre noir

### Le secret de grand-mère

**Pour enrichir ce dessert, vous pouvez le servir avec un des gâteaux du goûter.**

Pelez les pêches, les poires et les pommes. Retirez les noyaux et les pépins puis coupez les fruits en quartiers.

Pelez les grains de raisin et retirez la fine membrane des noix si elles sont fraîches.

Dans une casserole, versez le vin, le jus de raisin, le sucre, le clou de girofle, la cannelle, le gingembre et le poivre. Faites bouillir puis laissez réduire d'environ un tiers.

Passez ce jus au travers d'une passoire fine. Faites doucement cuire les quartiers de pêches, de poires et de pommes dans le jus durant 20 à 25 minutes.

Ajoutez les grains de raisin, les cerneaux de noix ; donnez encore quelques bouillons puis versez dans un compotier pour laisser refroidir.

*Si certaines poires sont fondantes et sucrées à souhait, d'autres plus fermes ou plus âcres sont bien meilleures cuites, nous a appris notre grand-mère. Lors de la préparation de ce dessert, d'agréables effluves de vin et de cannelle se dégagent de la cuisine.*

# Poires au vin

4 poires
½ litre de vin rouge
125 g de sucre semoule
1 bâton de cannelle

Coupez les poires en deux, épluchez-les et épépinez-les.

Dans une casserole, mélangez le vin, le sucre et la cannelle.

Portez à ébullition et plongez-y les poires.

Laissez cuire 20 à 30 minutes suivant la variété des fruits.

Laissez refroidir dans le sirop puis servez en compotier.

## Le secret de grand-mère

**Pour la présentation de ce dessert, veillez à ne pas casser la queue des poires en les épluchant.**

*Notre grand-mère confectionnait souvent ce dessert rapide probablement originaire de Clermont-Ferrand. Le lait entrant dans sa confection en faisait un dessert idéal pour les enfants, et la flognarde permettait d'utiliser les poires difficiles à conserver.*

# Flognarde aux poires

2 poires
½ litre de lait
2 œufs
60 g de sucre
+ 1 cuil. à soupe
50 g de farine
20 g de beurre
+ 1 noix pour la tourtière
1 cuil. à soupe d'eau de fleur d'oranger ou d'alcool de poire
1 citron
sel

Pelez les poires ; épépinez-les puis coupez-les en quartiers assez fins. Citronnez-les.

Dans une terrine, battez les œufs avec 60 g de sucre jusqu'à ce que le mélange devienne mousseux. Ajoutez la farine tamisée, une pincée de sel, le lait bouillant et le parfum choisi.

Disposez les poires dans une tourtière beurrée, recouvrez de la préparation. Parsemez de petites noisettes de beurre.

Faites cuire au four préchauffé à 210 °C (th. 7) durant 30 minutes.

À la sortie du four, saupoudrez d'une cuillerée à soupe de sucre et servez encore chaud.

## Le secret de grand-mère

**Votre dessert aura un aspect plus rustique et sera bien craquant si, avant de le servir, vous le saupoudrez de sucre semoule, mais il paraîtra plus joli si vous utilisez du sucre glace.**

*« S'il gèle au 24 mars, les poiriers diminuent du quart », nous met en garde un dicton du Loir-et-Cher. Ce ne fut pas le cas cette année-là où les paniers se remplirent de poires. Nous eûmes alors l'occasion de les déguster avec du chocolat !*

# Poires en robe de chocolat

6 petites poires
½ citron
150 g de sucre
1 litre d'eau
100 g de chocolat noir
1 gousse de vanille
1 noix de beurre

## Le secret de grand-mère

**Vos poires seront encore plus appétissantes parsemées de noisettes hachées ou d'amandes effilées.**

Mettez dans une casserole l'eau, le sucre et la gousse de vanille fendue. Portez à ébullition puis baissez le feu.

Pendant ce temps, épluchez les poires entières en leur laissant la queue puis arrosez-les de jus de citron. Pochez-les dans l'eau sucrée et laissez-les cuire entre 30 et 45 minutes selon la variété des poires : elles doivent rester entières mais être tendres à cœur.

Sortez les poires du sirop avec une écumoire puis disposez-les dans des coupes individuelles.

Prélevez immédiatement 1 demi-verre de sirop et faites-y fondre le chocolat cassé en morceaux. Remuez, ajoutez le beurre et versez sur les poires.

Mettez à rafraîchir et servez froid.

*Le dessert achevait sa cuisson alors que nous nous mettions à table. L'odeur des pommes caramélisées chatouillait alors nos narines durant tout le repas... Puis notre grand-mère apportait cette fameuse tarte immortalisée par les solognotes sœurs Tatin de Lamotte-Beuvron.*

# Tarte Tatin

6 à 8 belles pommes
200 g de pâte feuilletée
200 g de sucre
100 g de beurre

## Le secret de grand-mère

**La recette originale veut que l'on utilise les premières pommes d'automne, la reine des reinettes au parfum si délicieux, mais au fur et à mesure de l'avancée de l'automne, vous pouvez la remplacer par d'autres variétés de pommes et même par des poires.**

Étalez la pâte afin d'obtenir un cercle un peu plus large que le moule, piquez-la puis réservez.

Épluchez les pommes, coupez-les en deux puis retirez les pépins.

À feu doux, faites fondre le sucre et le beurre dans un moule à manqué.

Lorsque le mélange est fondu, disposez les pommes dans le moule, bien serrées de façon à ce qu'elles se chevauchent ; ramenez à feu très doux et laissez caraméliser 25 à 30 minutes.

Passez les pommes 5 minutes dans un four préchauffé à 210 °C (th. 7).

Recouvrez avec la pâte, en rentrant les bords à l'intérieur du moule à l'aide d'un couteau.

Faites cuire encore 20 minutes dans votre four.

Démoulez la tarte à la sortie du four et servez dans l'heure qui suit.

*La représentation gourmande de ce sommet alpin nous fait rêver quelques instants aux rochers escarpés et enneigés, mais la gourmandise reprend vite le dessus et le mont-blanc se scinde en autant de cuillerées que de convives.*

# Mont-blanc aux marrons

500 g de beaux marrons
50 g de beurre
150 g de sucre
1 gousse de vanille
1 verre et demi d'eau

**POUR LA CHANTILLY**
125 g de crème liquide
50 g de sucre vanillé

## Le secret de grand-mère

**Si la crème n'est pas assez liquide ou pas assez froide, ajoutez 1 glaçon ou 2 cuillerées à soupe de lait très froid avant de la fouetter. De plus, n'utilisez surtout pas de crème allégée, elle ne monterait pas !**

Fendez les marrons à l'aide d'un couteau puis faites-les cuire 40 minutes dans une casserole d'eau.

Lorsqu'ils sont cuits, épluchez-les, retirez la deuxième peau puis passez-les au moulin à légumes afin de les réduire en fine purée.

Faites un sirop assez épais avec l'eau, le sucre et la gousse de vanille.

Mélangez le sirop à la purée de marrons puis ajoutez le beurre.

Passez cette purée refroidie au moulin à légumes muni d'une grille assez grosse afin que la purée tombe en gros vermicelles dans un plat rond.

Montez la crème chantilly. Battez au fouet la crème et le sucre dans un récipient profond. Arrêtez dès que la crème devenue mousseuse forme un bec à la pointe du fouet.

Faites un trou au milieu de la purée de marrons afin d'y placer la chantilly en forme de dôme.

*L'association du fromage blanc et des raisins secs permettaient de varier les desserts lors de ces mois pauvres en fruits. Grâce à la fraîcheur et la légèreté de cette tarte, nous attendions sans hâte le retour de jours meilleurs.*

# Tarte au fromage blanc

**POUR LA PÂTE BRISÉE**

250 g de farine
125 g de beurre
30 g de sucre
½ verre d'eau
sel

**POUR LA GARNITURE**

500 g de fromage blanc égoutté
1 grosse cuil. à soupe de crème fraîche
3 œufs
150 g de sucre
2 cuil. à soupe de farine
1 sachet de sucre vanillé
1 poignée de raisins secs
5 cl de rhum

Préparez la pâte brisée. Versez la farine dans une terrine, déposez-y le beurre découpé en très petits morceaux. Ajoutez le sel, le sucre et l'eau peu à peu. Mélangez du bout des doigts en formant une boule. Laissez reposer environ une demi-heure.

Faites gonfler les raisins dans le rhum.

Pour la garniture, battez dans un saladier les œufs, le sucre, la farine et le sucre vanillé. Ajoutez le fromage blanc, la crème puis les raisins imbibés de rhum.

Étalez la pâte au rouleau sur une planche farinée. Disposez-la dans un moule à tarte beurré.

Piquez le fond de tarte et faites-le cuire à blanc pendant 10 minutes, au four à 210 °C (th. 7).

Garnissez le fond de la préparation de fromage blanc puis faites cuire au four 50 minutes à 190 °C (th. 6).

Servez froid.

## Le secret de grand-mère

**La réussite de cette pâte réside dans sa rapidité d'exécution : le beurre doit être mal incorporé à la pâte et celle-ci non pétrie, comme la pâte sablée.**

# Hiver

*À l'heure du solstice d'hiver, lorsque le tonus général diminue et que les petits visages deviennent pâlots, rien ne saurait remplacer une bonne salade revigorante riche en vitamines et très facile à préparer.*

# Salade hivernale

3 oranges
2 pommes
2 cuil. à soupe de sucre
1 cuil. à soupe d'eau de fleur d'oranger
1 cuil. à café de cannelle
le jus de ½ citron

Pelez à vif les oranges puis coupez-les en tranches.

Épluchez et épépinez les pommes puis coupez-les en tranches fines.

Disposez les morceaux de fruits sur le plat de service en alternant les oranges et les pommes.

Mélangez la cannelle et le sucre puis saupoudrez-en les fruits.

Ajoutez la fleur d'oranger au jus de citron. Versez sur les fruits. Laissez rafraîchir 1 heure puis servez.

## Le secret de grand-mère

**Nous savons tous désormais que les fruits s'oxydent et perdent rapidement leurs vitamines. Aussi, le plus simple est de préparer cette salade au moment de passer à table : les fruits garderont une bonne partie de leurs vitamines et auront le temps du repas pour s'imprégner des arômes des épices et du sucre.**

*Ce dessert se confectionne au dernier moment. Nourrissante, cette omelette clôture agréablement un repas léger composé d'une soupe ou d'une salade. Les petits apprécient particulièrement cette manière originale de consommer des œufs et leur lot de protéines.*

# Omelette sucrée

6 œufs
80 g de sucre en poudre
1 noix de beurre
½ verre d'alcool ou de liqueur de votre choix
sel

## Le secret de grand-mère

**Pour obtenir une omelette plus légère, battez la moitié des blancs en neige ferme et incorporez-les au reste des œufs avant la cuisson.**

Cassez les œufs dans une terrine. Battez-les avec une pincée de sel et le sucre en poudre.

Dans une poêle épaisse, faites fondre le beurre puis versez les œufs battus.

Procédez de la même manière que pour faire cuire une omelette salée en ramenant les bords vers le centre.

Pendant ce temps, faites doucement tiédir l'alcool (Grand Marnier, curaçao, kirsch, rhum...) dans une casserole sans le laisser bouillir.

Lorsque l'omelette est bien dorée, faites-la glisser sur un plat de service. Arrosez-la avec l'alcool enflammé.

Servez l'omelette immédiatement, nature ou fourrée avec de la confiture ou de la compote.

*Ce dessert fut un des premiers que notre grand-mère nous enseigna. Très fiers de notre mission, nous étions heureux de plonger les mains dans la farine. Quand nous l'enfournions, la phase délicate commençait : sa cuisson !*

# Far aux pruneaux

250 g de pruneaux dénoyautés
4 œufs
150 g de sucre
130 g de farine
80 g de beurre demi-sel
65 cl de lait entier
1 cuil. à soupe de rhum

Préchauffez le four à 180 °C (th. 6).

Faites chauffer le lait.

Dans une jatte, battez les œufs avec le sucre. Ajoutez petit à petit la farine et le rhum.

Versez le lait puis ajoutez le beurre fondu après avoir mélangé tous les ingrédients.

Disposez les pruneaux dans un plat en terre généreusement beurré puis recouvrez avec la préparation précédente.

Enfournez aussitôt. Laissez cuire pendant 40 minutes à 180 °C (th. 5-6).

Sortez le plat du four et laissez tiédir.

## Le secret de grand-mère

**Vous pouvez remplacer les pruneaux par 200 g de raisins secs que vous laisserez gonfler au préalable dans le rhum. Si vous n'aimez pas le rhum, remplacez-le par 1 cuillerée à soupe d'eau de fleur d'oranger.**

*Riches en énergie, en vitamines, minéraux et fibres, les fruits secs entraient souvent dans la composition des desserts qui complétaient agréablement les repas en période hivernale. Nous nous plaisions à deviner les différentes saveurs.*

# Compote de fruits secs

250 g de pruneaux
250 g de fruits secs différents (abricots, poires, pommes, raisins…)
1 sachet de thé
1 zeste d'orange
½ gousse de vanille

Faites bouillir 1 demi-litre d'eau ; déposez-y le sachet de thé et laissez infuser.

Versez tous les fruits secs dans le thé ainsi que le zeste d'orange et la vanille.

Laissez cuire pendant 15 minutes à couvert.

Laissez refroidir dans la casserole puis servez frais dans un compotier.

## Le secret de grand-mère

**Pour sécher des pommes et des poires, coupez les fruits en lamelles et faites-les dessécher longuement dans un four tiède. Conservez-les ensuite dans une boîte hermétique.**

*Pays de la betterave sucrière, le Nord a longtemps utilisé le sucre roux pour ses pâtisseries. Il donnait aux desserts, en particulier à cette tarte au sucre, un parfum unique bien différent de celui du sucre blanc. En fin de repas, vos convives apprécieront d'en déguster une part.*

# Tarte au sucre

150 g de vergeoise
ou de cassonade (sucre roux)
1 œuf
25 g de beurre
½ cuil. à café de Maïzena
4 cuil. à soupe de lait

**POUR LA PÂTE**
250 g de farine
100 g de beurre
1 œuf
15 g de levure de boulanger
2 morceaux de sucre
10 cl de lait

## Le secret de grand-mère

**Vous pouvez remplacer le lait et le beurre de la garniture par 4 cuillerées à soupe de crème fraîche battue quelques instants à la fourchette.**

Préparez d'abord la pâte en émiettant la levure dans 3 cuillerées à soupe de lait tiède sucré avec les 2 morceaux de sucre. Laissez reposer auprès d'une source de chaleur.

Pendant ce temps, mettez la farine dans une terrine. Creusez-la en puits et versez-y le jaune d'œuf ainsi que le beurre fondu dans le restant de lait.

Mélangez doucement puis ajoutez le blanc battu en neige et la levure « montée ». Travaillez la pâte avec les doigts. À la fin de l'opération, elle ne doit plus coller (si elle colle, ajoutez un peu de farine).

Abaissez la pâte au rouleau et foncez-en un grand moule à tarte. Faites lever près d'une source de chaleur pendant 2 heures environ : elle doit doubler de volume.

Piquez la tarte avec une fourchette. Saupoudrez de cassonade.

Diluez la Maïzena dans le lait, ajoutez l'œuf battu ; versez ce mélange sur la cassonade pour l'humecter puis parsemez de noisettes de beurre.

Faites cuire au four préchauffé à 210 °C (th. 7) pendant 20 à 30 minutes. Servez tiède.

*Confectionnée avec des ingrédients très simples, cette charlotte fut inventée par des maîtresses de maison soucieuses de ne pas perdre leurs pommes abîmées ou leur pain rassis. Le dessert obtenu ne laisse pourtant rien paraître et séduira les gourmands !*

# Charlotte aux pommes

8 pommes acidulées
80 g de sucre
75 g de beurre
15 tranches de pain de mie du boulanger
cannelle

## Le secret de grand-mère

**Vous pouvez napper ce dessert de confiture d'abricots diluée dans 1 cuillerée de kirsch ou, pour des enfants très jeunes, dans un peu d'eau et le servir avec une crème anglaise.**

Pelez et évidez les pommes puis coupez-les en fines lamelles. Dans une sauteuse, faites revenir les fruits à feu vif 15 minutes environ dans 50 g de beurre. Ajoutez le sucre, 2 pincées de cannelle et la mie émiettée de 3 tranches de pain.

Retirez la croûte des douze tranches de pain restantes. Coupez huit de ces tranches en deux de manière à obtenir seize rectangles, et les quatre dernières en deux de manière à obtenir huit triangles.

Faites griller ces morceaux d'un seul côté, sous le gril du four par exemple, puis beurrez le côté grillé avec les 25 g restant.

Dans le fond d'un moule à charlotte, disposez les petits triangles de pain puis, sur le pourtour, les rectangles, en prenant soin de les faire se chevaucher, car le pain a tendance à se rétracter à la cuisson et pourrait laisser échapper les pommes au démoulage.

Garnissez de pommes puis faites cuire au four préchauffé à 200 °C (th. 6-7) pendant 45 minutes. Laissez la charlotte reposer avant de la démouler.

*Dans certaines provinces, la jeune mariée recevait une noix qu'elle devait manger durant sa nuit de noces. Son mariage serait donc fécond.*

# Gâteau aux noix

125 g de noix décortiquées
+ 6 cerneaux pour décorer
125 g de sucre
75 g de farine
2 œufs
60 g de beurre
+ 1 noix pour le moule
2 cuil. à soupe d'armagnac
3 cuil. à soupe bombées
de confiture d'abricots
sel

## Le secret de grand-mère

**Pour un gâteau plus volumineux, vous pouvez scinder le rectangle en deux en glissant un couteau bien aiguisé dans le sens de l'épaisseur. Étalez de la confiture sur la première abaisse puis posez la seconde pour reformer votre rectangle. Coupez-le alors en 6 morceaux égaux que vous recouvrez de confiture et décorerez de cerneaux de noix.**

Si vous utilisez des noix fraîches, ôtez la petite membrane qui les recouvre et leur donne un goût amer.

Hachez les noix jusqu'à ce que les fragments soient légèrement plus petits que des grains de riz.

Dans une terrine, mêlez le sucre, la farine, une pincée de sel et le beurre fondu.

Ajoutez les œufs battus en omelette et l'armagnac. Mélangez bien puis incorporez les noix hachées.

Garnissez le fond d'un moule rectangulaire de papier sulfurisé grassement beurré.

Faites cuire au four préchauffé à 180 °C (th. 5-6) durant 40 minutes. Le gâteau doit légèrement gonfler durant la cuisson.

Laissez refroidir avant de démouler puis coupez le rectangle en six morceaux égaux.

Recouvrez-les de confiture d'abricots et décorez avec un cerneau de noix. Servez sur des petites assiettes individuelles.

*Il suffit de 10 minutes pour préparer ce dessert spectaculaire qui sent si bon le sucre et le beurre durant sa cuisson ! Comme par magie, les flammes, qui attirent tout en faisant reculer les petits, s'éteindront d'elles-mêmes.*

# Bananes flambées

6 bananes
50 g de beurre
1 orange
60 g de sucre roux
1 sachet de sucre vanillé
1 dl de rhum

Épluchez les bananes ; gardez-les entières.

Faites-les dorer dans le beurre sur toutes les faces pendant 5 minutes.

Pendant ce temps, pressez l'orange ; mélangez-en le jus au sucre roux et au sucre vanillé.

Versez ce liquide dans la poêle et laissez mijoter encore 5 minutes.

Disposez les bananes sur le plat de service.

Faites tiédir le rhum dans la poêle précédemment utilisée et flambez-le. Versez le liquide enflammé sur les bananes devant vos convives.

## Le secret de grand-mère

**Choisissez des bananes bien mûres mais cependant encore un peu fermes afin qu'elles gardent une bonne tenue lors de la cuisson.**

*Lorsque cette tarte arrive sur la table par une froide journée d'hiver, c'est presque le soleil qui nous manque tant en cette saison que l'on voit apparaître devant nos yeux ! L'orange, la pomme d'or, est bien la reine des desserts d'hiver.*

# Tarte à l'orange

250 g de pâte brisée
3 oranges non traitées
3 œufs
80 g de sucre
50 g de beurre

**POUR LES ORANGES CONFITES**
2 oranges non traitées
150 g de sucre
¼ de litre d'eau

Préparez les oranges confites : faites un sirop avec l'eau et le sucre. Lavez et coupez les oranges en rondelles. Plongez-les dans le sirop frémissant et laissez cuire entre 1 heure et 1 heure 30. Laissez-les refroidir 12 heures dans le sirop.

Étalez la pâte sur votre plan de travail et garnissez-en un moule. Piquez le fond, garnissez de haricots secs, puis faites cuire à blanc 10 minutes à 180 °C (th. 7) lorsque le four est chaud.

Dans une terrine, battez les œufs avec le sucre, le zeste râpé d'une orange, le jus des 3 oranges ainsi que le beurre fondu.

Versez cette préparation sur le fond de tarte précuit puis enfournez et faites cuire durant 20 minutes à 180 °C (th. 6). Sortez du four et laissez refroidir.

Égouttez les tranches d'oranges confites et décorez-en le dessus de la tarte.

## Le secret de grand-mère

**Certains gourmands pourront déguster leur part de tarte avec de la crème fraîche battue, d'autres la préféreront nature avec ses délicieuses tranches d'oranges confites.**

*À la suite d'un repas d'hiver un peu faste, la fraîcheur d'une tarte au citron était la bienvenue. Elle apportait un peu de diversité en cette période où les fruits se faisaient rares. Ce cercle d'or et de lumière ensoleillait la nappe et nous mettait le cœur en fête.*

# Tarte au citron

1 verre de jus
 et le zeste de 1 citron
4 œufs
150 g de sucre
150 g de crème fraîche liquide

**POUR LA PÂTE**
250 g de farine
125 g de beurre mou
 + 1 noix pour le moule
80 g de sucre
3 jaunes d'œufs
1 cuil. à café de levure

Préparez la pâte : mélangez à la main le beurre mou avec la farine, le sucre, les jaunes d'œufs et la levure. Lorsque la boule est formée, laissez reposer 30 minutes au frais.

Préchauffez votre four à 200 °C (th. 6-7).

Étalez la pâte et garnissez-en un moule à tarte largement beurré. Attention ! Cette pâte n'étant pas une véritable pâte à tarte, il est très difficile de l'étaler. Façonnez un rond épais que vous disposerez au milieu de votre moule ; appuyez simplement avec la paume et les doigts jusqu'à ce qu'elle atteigne les bords.

Faites précuire ce fond de tarte 15 minutes au four.

Pendant ce temps, préparez la crème : battez les œufs avec le sucre, le jus et le zeste de citron puis la crème. Versez sur la pâte.

Remettez au four 40 minutes.

Dégustez la tarte bien froide.

## Le secret de grand-mère

**Vous pouvez encore enrichir la tarte en la servant meringuée : battez en neige ferme les 3 blancs d'œufs restant avec 3 cuillerées à soupe de sucre. Dix minutes avant la fin de la cuisson, recouvrez la tarte de cette meringue puis repassez-la au four pour qu'elle dore.**

# Desserts de tous les jours

*« Laisse cet enfant tranquille ! entendions-nous souvent. S'il mange du gâteau de riz, son repas sera complet. »*

*Et en effet, les entremets, très appréciés de tous pour leur saveur sucrée, ne sont pas un plaisir superflu. Composés de sucre, de farine, de semoule, de tapioca, de riz, d'œufs, de lait, ils font partie intégrante du repas et participent à notre équilibre alimentaire. D'ailleurs, ces desserts de préparation rapide et économique enchantent les repas des journées studieuses et laborieuses.*

*Notre grand-mère prenait grand soin de cette gousse de vanille venue d'ailleurs : elle la scindait en deux pour que le lait s'imprègne au mieux de son arôme subtil, puis elle la plongeait dans un bocal de sucre et faisait son propre sucre vanillé.*

# Crème à la vanille

½ litre de lait
40 g de Maïzena
80 g de sucre semoule
1 sachet de sucre vanillé
1 œuf
1 gousse de vanille

Réservez 1 cuillerée à soupe de lait froid et portez le reste à ébullition avec la gousse de vanille.

Dans un récipient, délayez la Maïzena dans le lait froid (vous éviterez ainsi la formation de grumeaux) puis ajoutez le sucre semoule et l'œuf.

Versez le lait bouillant duquel vous aurez retiré la vanille sur ce mélange en remuant bien. Remettez le tout dans la casserole. Posez-la sur feu doux en remuant constamment jusqu'à ce que le mélange épaississe.

Hors du feu, ajoutez le sucre vanillé puis versez dans un moule (de préférence en Pyrex ou en plastique à fond amovible pour faciliter le démoulage) et laissez refroidir.

Au moment de servir, démoulez délicatement en passant une lame de couteau le long des parois.

## Le secret de grand-mèree

**Vous pouvez remplacer la Maïzena par 2 cuillerées à soupe rase de farine, votre préparation sera simplement un peu moins légère. Souvenez-vous alors que le temps d'épaississement d'une crème à la Maïzena est toujours plus court qu'avec de la farine.**

*En dégustant cette crème, les petits se prenaient à rêver et se voyaient grandis ! Comme tout alcool, le Grand Marnier leur était habituellement défendu, hormis dans cette fameuse crème !*

# Crème à l'orange

**POUR 6 RAMEQUINS**

1 orange non traitée
½ litre de lait
60 g de sucre
30 g de Maïzena
1 œuf
2 cuil. à café de Grand Marnier

Faites bouillir le lait dans une casserole avec le zeste de l'orange râpé.

Dans un saladier, fouettez l'œuf, le sucre et la Maïzena.

Versez le lait bouillant par-dessus et remettez le tout dans la casserole. Faites épaissir sur le feu sans cesser de remuer.

Lorsque la crème est bien liée, retirez du feu, ajoutez le Grand Marnier et versez dans des ramequins.

Dégustez froid.

## Le secret de grand-mère

**Pour éviter la formation de grumeaux, délayez toujours la Maïzena dans 1 cuillerée de lait froid.**

*Cette crème au chocolat ! Un bon moyen de procurer du calcium à tous ceux qui n'apprécient pas le lait : le simple mot chocolat suffisait à faire saliver toute la tablée !*

# Crème au chocolat

**POUR 6 RAMEQUINS**

½ litre de lait
30 g de cacao
30 g de Maïzena
50 g de sucre
1 cuil. à soupe de crème fraîche épaisse

Réservez 1 cuillerée à soupe de lait froid. Délayez le cacao dans un peu de lait puis mélangez-le au reste du lait et portez à ébullition.

Délayez la Maïzena dans le lait froid réservé puis ajoutez le sucre.

Incorporez ce mélange au lait chocolaté bouillant ; continuez la cuisson à feu doux, sans cesser de remuer jusqu'à ce que le mélange épaississe.

Hors du feu, ajoutez la crème fraîche ; répartissez dans 6 ramequins et laissez refroidir.

## Le secret de grand-mère

**Si vos convives aiment les desserts au café, remplacez le cacao par du café : portez le lait à ébullition avec 1 cuillerée à soupe de café soluble.**

*Enfant, nous aimions particulièrement cette crème dont l'appellation nous remémorait certaines bêtises inavouées : renverser un pot de fleur, c'était un drame. Mais quelle revanche, quand nous pouvions plonger discrètement les doigts dans cette crème renversée !*

# Crème renversée au caramel

½ litre de lait
3 œufs entiers
80 g de sucre
1 gousse de vanille

**POUR LE CARAMEL**
20 morceaux de sucre
1 cuil. à soupe d'eau
quelques gouttes de jus de citron

## Le secret de grand-mère

**Désormais, le progrès nous rend la tâche plus aisée : la crème renversée cuit parfaitement bien en autocuiseur ! Versez 2 cm d'eau dans le fond de votre cocotte. Posez le moule empli de crème dans le panier de l'autocuiseur ; couvrez la crème avec le couvercle du moule ou, à défaut, avec une feuille d'aluminium. Fermez l'autocuiseur et faites chauffer. Lorsque la soupape chuchote, réduisez le feu et comptez exactement 8 minutes. Refroidissez immédiatement et ouvrez la cocotte. Retirez la crème et démoulez-la lorsqu'elle est bien froide.**

Préparez le caramel dans une petite casserole : faites chauffer les morceaux de sucre avec l'eau et quelques gouttes de jus de citron. Retirez du feu dès que le caramel prend une couleur dorée ; n'attendez pas qu'il brunisse.

En même temps, faites chauffer un moule à charlotte vide, ou 5 ramequins, dans le four afin que le caramel ne se fige pas au contact des parois.

Versez alors le caramel dans le ou les moules et laissez refroidir.

Portez le lait à ébullition avec la gousse de vanille fendue.

Dans une terrine, cassez les œufs puis fouettez-les avec le sucre jusqu'à l'obtention d'une belle crème blanchâtre. Versez alors doucement le lait bouillant dans la terrine sans cesser de tourner.

Remplissez les moules caramélisés puis placez-les dans un plat contenant de l'eau chaude jusqu'à mi-hauteur qui servira de bain-marie. Glissez le plat dans le four à 180 °C (th. 5-6), pendant 25 à 30 minutes selon que vous avez utilisé un ou plusieurs moules. Veillez à ce que la crème ne bouille pas.

La crème est cuite lorsque le centre résiste sous la pression légère des doigts. Laissez refroidir avant de démouler.

## VARIANTE

*Faites le caramel avec du miel.*

*Dessert léger et vaporeux de toutes les saisons : vous changez de fruit et cette même recette se décline en mode plus ou moins coloré, plus ou moins acidulé…*

# Crème mousseuse aux fruits

400 g de fruits de saison
½ litre de lait
90 g de sucre
25 g de Maïzena
2 œufs
extrait de vanille
kirsch

Coupez les fruits en fines lamelles ou en dés puis laissez-les mariner dans le kirsch.

Faites chauffer le lait, quelques gouttes d'extrait de vanille et le sucre dans une casserole.

Délayez la Maïzena dans un peu de lait froid puis versez-la dans le lait bouillant.

Laissez cuire quelques minutes en remuant constamment.

Hors du feu, ajoutez les jaunes d'œufs battus puis remettez sur le feu sans cesser de remuer jusqu'à ébullition.

Laissez refroidir la crème, battez les blancs en neige puis incorporez-les dans le mélange avec les fruits macérés.

## Le secret de grand-mère

**Réalisé avec des blancs d'œufs en neige, ce dessert doit se déguster le jour même ; ne le conservez pas au-delà.**

*Une envie de dessert et vous manquez de temps ! Rien de plus simple et plus rapide que cette recette de semoule au lait ! Vous pouvez l'accommoder en fonction des goûts de chacun : café, chocolat, vanille, caramel...*

# Semoule au lait

½ litre de lait
80 g de semoule
80 g de sucre
1 gousse de vanille
1 œuf (facultatif)

## Le secret de grand-mère

**Avec les quantités indiquées, vous obtiendrez un dessert assez consistant ; si vous préférez un entremets plus fluide, diminuez de 15 à 20 g la quantité de semoule.**

Dans une casserole, portez le lait à ébullition avec la gousse de vanille fendue.

Lorsque le lait bout, enlevez la gousse de vanille, versez la semoule en pluie et remuez à feu doux jusqu'à ce que le mélange épaississe.

Ajoutez le sucre puis, pour une semoule plus onctueuse, incorporez hors du feu l'œuf battu.

Versez dans un moule ou 6 coupes et servez tiède. Si vous n'appréciez pas la peau qui se forme en surface, battez le mélange à la fourchette assez régulièrement durant la première demi-heure du refroidissement de la semoule.

## VARIANTE

*Vous pouvez ajouter en fin de cuisson des raisins secs ou supprimer la vanille et parfumer le lait avec 1 barre de chocolat, quelques gouttes d'extrait de café, des zestes de citron ou d'orange.*

*Aide appréciable lorsque le repas est un peu léger, que le temps fait défaut pour se mettre longuement aux fourneaux, la semoule figure toujours en bonne place dans les réserves des cuisinières d'aujourd'hui.*

# Gâteau de semoule

½ litre de lait
80 g de semoule
80 g de sucre
80 g de beurre
4 œufs
1 gousse de vanille
sel

**POUR LE CARAMEL**
20 morceaux de sucre
3 cuil. à soupe d'eau

## Le secret de grand-mère

**Battez la semoule cuite pendant quelques minutes au fouet avant d'ajouter les œufs et de la verser dans le moule. Vous serez étonné par la légèreté du gâteau !**

Préparez une semoule au lait (comme indiqué page 68) sans ajouter l'œuf battu en fin de cuisson.

Lorsque la semoule est cuite, ajoutez immédiatement le beurre ramolli qui finira de fondre à son contact.

Battez les jaunes en omelette puis mélangez-les bien à la semoule.

Montez les blancs en neige avec une pincée de sel ; incorporez-les à la préparation précédente.

Caramélisez un moule à manqué en opérant de la façon suivante : posez le moule contenant les morceaux de sucre mouillés sur feu doux et surveillez la cuisson. Dès que le sucre prend une coloration dorée, retirez du feu et inclinez le moule de manière à ce que le caramel le couvre complètement.

Versez la préparation dans le moule et faites cuire au four préchauffé à 200 °C (th. 6-7), une vingtaine de minutes.

Le gâteau est cuit lorsque la lame d'un couteau en ressort sèche. Démoulez sur un plat et servez nature ou avec une crème anglaise.

*La semoule sert également de base à des gâteaux de présentation plus élaborée mais toujours aussi simple de préparation !*

# Gâteau de semoule aux abricots

¾ de litre de lait
120 g de semoule de blé dur
120 g de sucre
4 œufs
1 gousse de vanille
40 g de beurre
+ 1 noix pour le moule
1 boîte d'abricots au sirop
confiture d'abricots

Beurrez un moule à charlotte avec une noix de beurre.

Portez le lait à ébullition avec la gousse de vanille fendue et versez la semoule en pluie. Faites cuire quelques minutes sans cesser de remuer. Ajoutez le restant de beurre, le sucre puis, hors du feu, les œufs battus en omelette.

Tapissez l'intérieur du moule avec les oreillons d'abricots. Incorporez à la semoule le reste des abricots coupés en dés.

Versez la préparation dans le moule. Faites cuire 40 minutes au bain-marie dans le four préchauffé à 210 °C (th. 7).

Laisser complètement refroidir avant de démouler. Nappez de confiture d'abricots.

## Le secret de grand-mère

**En période estivale, vous pouvez remplacer les abricots au sirop par des abricots frais. Procédez comme précédemment, mais utilisez 150 g de sucre.**

*La vue de ces petits pots de porcelaine arrivant sur la table avec leur crème dorée, d'apparence tremblotante, apportait à tous le réconfort tant attendu ; les langues se déliaient alors autour des menus problèmes de la journée.*

# Petits pots à la vanille

½ litre de lait
5 jaunes d'œufs
80 g de sucre
1 gousse de vanille

## Le secret de grand-mère

**La gousse de vanille utilisée pour parfumer le lait peut vous resservir 4 ou 5 fois si vous la lavez et la séchez à la fin de la cuisson ; cependant, c'est la pulpe intérieure qui est la plus parfumée. Vous pouvez donc fendre la gousse avant de la mettre dans le lait, mais dans ce cas, elle ne pourra pas être réemployée.**

Portez le lait à ébullition avec la gousse de vanille fendue.

Dans un récipient, battez les jaunes d'œufs en omelette puis ajoutez le sucre en fouettant vigoureusement.

Versez le lait bouillant duquel vous aurez retiré la vanille, en remuant constamment.

Remplissez 6 petits pots à l'aide d'une louche. Disposez les pots dans un plat contenant de l'eau bouillante jusqu'à mi-hauteur puis glissez le plat à 160 °C (th. 5) durant 25 minutes. L'eau du bain-marie doit frémir sans bouillir.

La crème se solidifie à la cuisson mais reste tremblotante lorsqu'on la remue. Laissez-la refroidir avant de la déguster.

## VARIANTE

*Pour une crème au café, supprimez la vanille et ajoutez quelques gouttes d'extrait de café dans le mélange œufs-sucre.*
*Pour une crème au chocolat, ajoutez 25 g de cacao non sucré dans le lait et augmentez la quantité de sucre de 25 g.*
*Pour une crème à la pistache, remplacez la vanille par une cuillerée à café de pâte à pistache sucrée, soit 12 g. Il faut alors diminuer le sucre à 50 g.*

*La casserole était posée sur le coin de la cuisinière et le riz mijotait longuement sur feu très doux. Les effluves de vanille et de sucre parvenaient jusqu'à nos narines et laissaient présager une fin de repas bien agréable. Le riz au lait faisait partie des petits bonheurs de la journée.*

# Riz au lait

**POUR 4 PERSONNES**

½ litre de lait
90 g de riz rond
45 g de sucre
1 gousse de vanille

## Le secret de grand-mère

**Pour les desserts, utilisez toujours du riz rond non glacé. Dans le lait, il est beaucoup plus moelleux, fond dans la bouche et laisse comme un parfum d'enfance. Évitez de mélanger deux restes de riz de variétés différentes dont le temps de cuisson et l'aspect varient.**

Lavez le riz puis faites-le blanchir 1 ou 2 minutes dans de l'eau bouillante. Égouttez-le puis rincez-le à l'eau froide.

Dans une casserole, portez le lait à ébullition avec une gousse de vanille fendue ; lorsqu'il bout, ajoutez le riz.

Couvrez et laissez mijoter à feu très doux une trentaine de minutes. Sucrez en fin de cuisson.

## VARIANTE

*Pour préparer la « terrinée » normande d'autrefois, mélangez à sec 100 g de riz rond, 70 g de sucre, une pincée de sel et 1 cuillerée à café de cannelle. Beurrez un plat allant au four et disposez-y ce mélange. Recouvrez-le d'un litre de lait froid en remuant, puis glissez le plat dans un four très doux pour 3-4 heures.*

*Notre grand-mère attendait toute la famille pour le lendemain ! La réalisation de ce gâteau qu'elle nous servait traditionnellement à chaque visite, annonçait le début des festivités !*

# Riz aux pommes

**POUR 4 PERSONNES**

½ litre de lait
80 g de riz rond
5 pommes
90 g de sucre
50 g de beurre
+ 1 noix pour le moule
2 œufs
1 gousse de vanille
jus de citron
cannelle

## Le secret de grand-mère

**Ce dessert se prépare à l'avance, la veille ou le matin pour le dîner. Vous pouvez le servir avec une sauce faite à partir d'une gelée de groseille ou d'une confiture d'abricots rallongée de 2 cuillerées à soupe d'eau.**

Préparez un riz au lait (comme indiqué page 74), avec la moitié du sucre. Attendez qu'il tiédisse pour ajouter les jaunes d'œufs battus en omelette.

Lavez, épluchez les pommes et arrosez-les de jus de citron. Coupez-les en morceaux, saupoudrez-les de cannelle et faites-les cuire à feu doux dans une sauteuse avec le beurre. Dès qu'elles sont dorées, saupoudrez-les du restant de sucre ; laissez-les caraméliser quelques instants à feu doux.

Montez les blancs en neige puis incorporez-les au riz.

Beurrez grassement un moule à charlotte. Remplissez-le d'une couche de riz puis d'une couche de pommes et ainsi de suite en alternant ; finissez par le riz.

Préparez un bain-marie bouillant dans lequel vous disposerez le moule et faites cuire au four préchauffé à 180 °C (th. 5-6) durant 25 minutes.

Laissez refroidir complètement avant de démouler sur le plat de service.

*Dessert nourrissant qui plaît dès le plus jeune âge, ce gâteau de riz est fondant, onctueux, composé d'ingrédients de base que l'on trouve dans toutes les maisons : du lait, du riz, du sucre des œufs !*

# Gâteau de riz

½ litre de lait
80 g de riz rond
50 g de sucre
40 g de beurre
2 œufs
1 bonne poignée de raisins secs ou de fruits confits
1 gousse de vanille

**POUR LE CARAMEL**
20 morceaux de sucre
3 cuil. à soupe d'eau

Confectionnez un riz au lait (comme indiqué page 74). En fin de cuisson, ajoutez le beurre ramolli puis les 2 jaunes d'œufs puis les fruits confits.

Montez les blancs en neige et incorporez-les à la préparation.

Caramélisez un moule à charlotte (ou, pour une très belle présentation, un moule à savarin) comme suit : posez le moule contenant les morceaux de sucre mouillés à feu doux et surveillez ; dès que le caramel prend une coloration dorée retirez du feu et inclinez le moule de manière à ce que le caramel en recouvre intégralement les parois.

Faites cuire 20 minutes au four préchauffé à 200 °C (th. 6-7).

Servez nature ou avec une crème anglaise.

## Le secret de grand-mère

**Si vous n'aimez pas le caramel, vous pouvez beurrer le moule sans le caraméliser puis servir votre dessert avec une compote de fruits, le napper d'une de vos meilleures confitures, le décorer avec des fruits confits ou des fruits au sirop.**

*Les jours de marché, ce dessert était une aide précieuse pour notre grand-mère pressée par le temps : 5 minutes seulement pour ce tapioca express.*

# Tapioca au lait

½ litre de lait
3 cuil. à soupe de tapioca
3 cuil. à soupe de sucre
parfum de votre choix
(vanille, café, chocolat… )

Faites bouillir le lait avec le parfum désiré (1 sachet de sucre vanillé, quelques gouttes d'extrait de café, 3 cuillerées à soupe de chocolat en poudre, ou 1 zeste de citron).

Versez le tapioca en pluie en remuant constamment pour éviter la formation de grumeaux, durant 5 minutes.

Ne sucrez qu'en fin de cuisson. Le tapioca est cuit lorsqu'il devient translucide.

## Le secret de grand-mère

**Vous pouvez servir cet entremet chaud, tiède ou froid. En refroidissant, il a tendance à se figer un peu et donc à devenir un peu plus épais.**

*« Encore du tapioca » pensaient-ils tous en voyant arriver le grand saladier qui ne tardait pourtant pas à se vider alors que certains en réclamaient encore…*

# Tapioca aux pommes

**POUR LA COMPOTE**

4 pommes acidulées
1 noix de beurre
40 g de sucre
1 cuil. d'alcool (calvados)

**POUR LE GÂTEAU**

60 g de tapioca
½ litre de lait
1 sachet de sucre vanillé
60 g de sucre
3 œufs
1 noix de beurre
sel

## Le secret de grand-mère

**Pour éviter la formation de grumeaux, versez le tapioca en pluie dans le lait bouillant en remuant sans interruption durant tout le temps de la cuisson.**

Préparez la compote : épluchez les pommes puis coupez-les en tranches de 1 cm d'épaisseur. Faites-les sauter dans le beurre quelques minutes puis ajoutez les sucres et l'alcool. Faites cuire 10 minutes à feu doux, en ajoutant 1 cuillerée d'eau si besoin.

Portez le lait à ébullition : lorsqu'il bout, versez le tapioca en pluie. Faites cuire pendant 10 minutes en remuant constamment, puis ajoutez le sucre.

Séparez les blancs des jaunes. Ajoutez les jaunes à la préparation refroidie. Battez les blancs en neige bien ferme avec une pincée de sel puis incorporez-les délicatement au mélange précédent.

Versez la moitié du tapioca dans un moule à soufflé beurré ; répartissez les pommes puis recouvrez du reste de tapioca.

Faites cuire 30 minutes à 200 °C (th. 6-7).

*Crème persane, quel dessert mystérieux et lointain ! Même les plus récalcitrants acceptent de goûter par curiosité à cette mousse particulièrement onctueuse.*

# Crème persane

½ litre de lait
4 cuil. à soupe bombées de tapioca
4 cuil. à soupe de sucre
2 œufs
parfum de votre choix (café, chocolat, citron, orange, crème de marrons…)

Portez le lait à ébullition (un tiers de litre seulement pour une crème au citron ou à l'orange), puis versez le tapioca, en pluie, en remuant soigneusement durant 5 minutes.

Battez les jaunes d'œufs avec 4 cuillerées à soupe de sucre, ou 2 cuillerées seulement si vous comptez parfumer le tapioca à la crème de marrons. Hors du feu, ajoutez ce mélange au tapioca puis le parfum de votre choix (quelques gouttes d'extrait de café, 4 barres de chocolat fondu, le zeste râpé et le jus de ½ citron ou de ½ orange, ou encore 2 cuillerées à soupe de crème de marrons vanillée).

Remettez à cuire doucement durant 2 minutes en remuant constamment.

Battez les blancs en neige bien ferme puis incorporez-les à la préparation.

Versez dans des coupes et mettez à rafraîchir quelques heures ou même à glacer.

## Le secret de grand-mère

**Pour les plus âgés, vous pouvez oser la liqueur : hors du feu, avec les jaunes d'œufs, ajoutez 2 cuillerées à soupe de kirsch, de Grand Marnier ou de curaçao.**

# À l'heure du goûter

*Repas préféré des enfants, pause bien méritée des plus grands, le goûter était un moment magique où le temps semblait s'arrêter ; nous nous retrouvions alors dans la cuisine.*

*Nous trempions de bon cœur des tartines beurrées recouvertes de chocolat râpé, de confiture ou de miel dans un grand bol de chocolat ou de café au lait et d'autres jours, nous nous régalions d'une généreuse part de brioche, quatre-quarts, cake ou pain d'épice, accompagnée d'un verre de jus d'orange ou d'une tasse de thé.*

*« Faire une brioche » c'est-à-dire commettre un impair, remonterait à la fondation de l'Opéra de Paris ! Quand l'un des musiciens de l'orchestre manquait aux règles de l'harmonie, il était puni d'une amende. Le produit de la cagnotte servait à l'achat de brioches.*

# Brioche

250 g de farine
200 g de beurre
+ 1 noix pour le moule
20 g de sucre
10 g de levure de boulanger
3 œufs + 1 jaune
2 cuil. à soupe de lait
1 cuil. à café de sel

## Le secret de grand-mère

**Cette pâte se travaille à pleines mains ; n'ayez pas peur de la manipuler, elle n'en sera que meilleure ! Pour la pétrir plus commodément, disposez auprès de vous un récipient contenant un peu de farine ; vous l'utiliserez pour vous fariner légèrement et régulièrement les mains.**

Délayez la levure émiettée dans 1 cuillerée à soupe de lait à peine tiède. Diluez le sucre et le sel dans le reste de lait.

Disposez la farine en puits ; en son centre, versez ces liquides et 1 œuf. Pétrissez rapidement puis cassez les 2 œufs restants ; incorporez-les en malaxant bien la pâte. Travaillez la pâte à la main jusqu'à ce qu'elle ne colle plus. Mélangez le beurre ramolli en morceaux en faisant attention à ce que la pâte garde son élasticité.

Travaillez la pâte pendant encore 10 minutes puis formez une boule. Placez-la dans une terrine, recouvrez d'un torchon bien propre, et laissez-la lever 3 heures à température ambiante. Lorsqu'elle a doublé de volume, renversez-la sur la table farinée pour la « rompre » : pétrissez-la quelques instants en la tapotant avec légèreté.

Beurrez un moule à brioche dans lequel vous disposerez tout d'abord les deux tiers de la pâte. Pour former la tête, creusez légèrement le centre puis formez une deuxième boule avec le restant de pâte en l'allongeant légèrement vers le bas. Insérez le côté allongé dans le creux. Rectifiez la rondeur de votre chapeau et laissez gonfler jusqu'au bord du moule ; dorez au jaune d'œuf à l'aide d'un pinceau.

Faites cuire au four préchauffé à 210 °C (th. 7), durant 10 minutes, puis baissez la température du four à 180 °C (th. 5-6) sans l'ouvrir. Laissez cuire encore 25 minutes.

Quand la brioche est cuite, renversez le moule dans un torchon tenu en ses quatre coins afin que la tête ne soit pas écrasée. Retournez-la sur une grille où elle refroidira.

*Le quatre-quarts est encore meilleur un peu rassis : préparez-le quelques jours avant de le servir. Pour en avoir toujours d'avance en cas de besoin, vous pouvez même le congeler. N'oubliez juste pas de le sortir le matin du jour J.*

# Quatre-quarts

3 gros œufs (soit 180 g)
180 g de farine
180 g de beurre
+ 1 noix pour le moule
180 g de sucre
parfum de votre choix
(citron, eau de fleur d'oranger, vanille)
sel
2 ou 3 cuil. à soupe de lait (facultatif)

Cassez les œufs en séparant les blancs des jaunes. Mélangez vivement les jaunes et le sucre jusqu'à ce que le mélange blanchisse ; ajoutez alors la farine puis le beurre fondu. Si le mélange est trop épais et trop sec, diluez-le avec quelques cuillerées à soupe de lait.

Ajoutez le parfum de votre choix : zeste de citron râpé, quelques gouttes d'eau de fleur d'oranger, vanille en poudre…

Montez les blancs en neige avec une pincée de sel puis incorporez-les délicatement au mélange.

Découpez un rond de papier sulfurisé pour garnir le fond du moule à manqué ; beurrez-le et versez la préparation.

Laissez cuire 35 à 40 minutes au four préchauffé à 180 °C (th. 5-6). Le gâteau est cuit lorsque la lame d'un couteau plongée en son milieu en ressort sèche. Démoulez sur une grille et laissez refroidir.

## Le secret de grand-mère

**Pour un gâteau plus léger, vous pouvez ajouter 1 cuillerée à café de levure chimique à la farine.**

*Au royaume de l'enfance, le goûter est souvent le meilleur moment de la journée. Quelle joie, quand attirés dans la cuisine par une odeur de chocolat au lait, nous voyions trôner sur la table ce biscuit roulé débordant d'une délicieuse confiture de fruits rouges...*

# Biscuit roulé à la confiture

4 œufs
60 g de farine
60 g de Maïzena
80 g de sucre
confiture
quelques gouttes de kirsch
sel

## Le secret de grand-mère

**L'opération de roulage et déroulage doit s'effectuer très rapidement pour que le gâteau n'ait pas le temps de durcir ; l'emploi d'un torchon humide permet d'attendre un peu (1 heure au maximum) avant de fourrer le gâteau.**

Faites préchauffer le four à 230 °C (th. 7-8).

Chemisez la tôle du four avec un papier sulfurisé huilé.

Cassez les œufs en séparant les jaunes des blancs.

Travaillez les jaunes avec le sucre jusqu'à l'obtention d'un mélange mousseux.

Travaillez à la spatule en ajoutant la farine et la Maïzena. Si la pâte paraît trop épaisse, ajoutez 1 cuillerée d'eau.

Battez les blancs en neige bien ferme avec une pincée de sel. Incorporez-les ensuite délicatement à la pâte.

Versez la pâte sur le papier sulfurisé. Faites cuire 7 minutes. N'ouvrez pas la porte du four avant 5 minutes de cuisson.

Pendant ce temps, préparez un torchon propre et humide.

Quand le gâteau est cuit, posez-le sur votre plan de travail. Roulez-le légèrement dans le torchon humide puis déroulez-le immédiatement. Parfumez-le de quelques gouttes de kirsch puis garnissez-le de confiture. Roulez-le ensuite très serré.

Laissez le gâteau refroidir complètement sur une grille. Servez-le en tranches biaisées.

*Chaque convive possède un modèle inédit, la taille des marbrures variant selon les parts. C'est souvent l'occasion d'un jeu pour les enfants : la distribution de tranches se fait les yeux fermés ; celui qui possède le plus de parts noires a gagné !*

# Gâteau marbré

250 g de farine
250 g de beurre
200 g de sucre
100 g de chocolat noir
5 œufs
1 sachet de levure chimique
1 cuil. à café de vanille liquide
½ verre de lait

## Le secret de grand-mère

**Pour vérifier la cuisson, plantez la lame d'un couteau dans le gâteau, elle doit ressortir sèche.**

Faites préchauffer le four à 200 °C (th. 6-7).

Cassez le chocolat en morceaux, faites-le fondre au bain-marie.

Dans une terrine, travaillez le beurre mou avec 150 g de sucre.

Ajoutez les jaunes un à un en alternant avec la farine tamisée, la levure et le lait tiède.

Partagez la pâte en deux et mettez-la dans 2 terrines.

Ajoutez la vanille dans l'une, le chocolat fondu dans l'autre.

Montez les blancs en neige très ferme avec le restant de sucre.

Répartissez-les dans les 2 terrines en en versant un peu plus dans la pâte au chocolat.

Beurrez un moule à cake ou à savarin puis versez alternativement 1 cuillerée de chaque préparation.

Laissez cuire pendant 1 heure environ.

Servez froid.

*C'est Marie-Antoinette qui contribua à l'importation de la levure de bière déjà utilisée depuis fort longtemps en Pologne et en Autriche. On assista alors en France à l'essor des desserts à base de pâte levée : brioche mousseline, brioche ronde, tressée, en couronne, à tête...*

# Kougelhof

250 g de farine
125 g de beurre
+ 1 noix pour le moule
25 g de sucre semoule
12 g de levure de boulanger
100 g de raisins de Málaga
2 gros œufs
1/8 de litre de lait
50 g d'amandes effilées
sucre glace
sel

## Le secret de grand-mère

**Vous pouvez déguster ce gâteau encore tiède, mais si vous attendez le lendemain, il sera tout aussi délicieux et encore plus facile à partager.**

Émiettez et délayez la levure dans 2 cuillerées à soupe de lait. Dans le restant de lait tiédi, diluez 1 pincée de sel et le sucre semoule ; faites-y ramollir le beurre.

Dans une terrine, faites un puits avec la farine, cassez en son centre les œufs. Travaillez à la main en incorporant peu à peu le lait tiède contenant le beurre et le sucre, puis la levure.

Travaillez cette pâte à la main en la soulevant en ruban ; elle devient élastique et se détache petit à petit spontanément des mains.

Ébouillantez les raisins dans une casserole d'eau puis essuyez-les dans du papier absorbant ; cette opération les empêchera de tomber au fond du moule pendant la cuisson. Incorporez-les à la pâte.

Couvrez la terrine avec un torchon propre ; laissez la pâte dans un endroit tiède pendant 2 ou 3 heures, jusqu'à ce qu'elle ait doublé de volume. Rompez la pâte en la retravaillant quelques instants avec légèreté.

Beurrez grassement un moule à kougelhof.

Placez les amandes dans le fond du moule puis versez délicatement la pâte. Couvrez et laissez reposer dans un endroit tiède jusqu'à ce que la pâte remplisse le moule.

Faites cuire au four préchauffé à 180 °C (th. 5-6) pendant 45 minutes. Démoulez puis laissez refroidir sur une grille. Saupoudrez alors de sucre glace.

*Le pain d'épice est très présent dans les régions qui fêtent la Saint-Nicolas. Ses formes sont variées et évoquent les saisons, la tendresse, la générosité : le père Noël… Tous ces biscuits porteurs d'espoir étaient réputés pour éloigner les forces maléfiques.*

# Pain d'épice

250 g de farine
100 g de sucre
3 cuil. à soupe de miel
1 verre à moutarde de lait
1 cuil. à café de bicarbonate de soude (en vente en pharmacie)
1 cuil. à café d'anis en poudre
huile pour le moule

La veille au soir, mélangez la farine, le sucre, le bicarbonate et l'anis. Couvrez d'un torchon bien propre et laissez reposer.

Le matin, faites tiédir le lait et laissez-y fondre le miel. Incorporez ce liquide au mélange farine-sucre. Travaillez cette pâte pendant 10 bonnes minutes.

Huilez un moule à cake puis tapissez-le de papier sulfurisé que vous huilerez également. Remplissez le moule à moitié seulement. Recouvrez-le d'un couvercle de papier sulfurisé ou d'une feuille d'aluminium.

Faites cuire au four préchauffé à 200 °C (th. 6-7), durant 40 minutes.

Laissez reposer 1 heure dans le four éteint puis démoulez.

## Le secret de grand-mère

**Pour rendre la surface de votre pain lisse et brillante comme un beau bois ciré, enduisez-le d'un mélange œuf-lait avant la cuisson. Pour un glaçage royal, mélangez 200 g de sucre glace avec un blanc d'œuf et quelques gouttes de citron : travaillez au fouet jusqu'à la formation d'une crème blanche ; étalez-la à l'aide d'un couteau sur le pain d'épice puis mettez-le à l'entrée d'un four tiède jusqu'à ce que le glaçage devienne blanc opaque.**

*Ce fameux cake que l'on réservait autrefois à l'heure du thé est un gâteau spécifique agrémenté de raisins secs et de fruits confits que les Britanniques appellent plum-cake car Outre-Manche cake désigne n'importe quel gâteau.*

# Cake

200 g de farine
125 de sucre
125 g de beurre mou
+ 1 noix pour le moule
3 œufs
50 g de raisins secs
150 à 200 g de fruits confits mélangés
2 cuil. à café de levure
1 cuil. à café de vanille liquide

## Le secret de grand-mère

**Si le cake a tendance à dorer trop vite, protégez-le en le recouvrant d'une feuille d'aluminium.**

Préchauffez votre four à 200 °C (th. 6-7); il devra être bien chaud lorsque vous enfournerez le gâteau, afin que les fruits ne tombent pas au fond.

Dans une terrine, travaillez le beurre mou avec le sucre pour obtenir une crème blanche et légère. Ajoutez les œufs un à un en remuant énergiquement.

Ébouillantez les raisins secs quelques instants, séchez-les dans du papier absorbant puis roulez-les avec les autres fruits confits dans la farine afin qu'ils restent en suspension dans le gâteau. Incorporez-les au mélange précédent, puis ajoutez la vanille.

Mélangez la farine à la levure puis tamisez-la au-dessus de la pâte en l'enrobant avec légèreté.

Tapissez un moule à cake, haut et rectangulaire, de papier sulfurisé en laissant celui-ci dépasser. Beurrez grassement le moule puis coulez la pâte qui ne doit pas le remplir au-delà des trois quarts. Enfournez et faites cuire 45 minutes.

Un cake bien réussi doit se fendre en surface ; afin de ne pas l'abîmer, laissez-le tiédir hors du four, démoulez-le sur un linge propre tendu, puis retournez-le sur une grille pour qu'il refroidisse complètement.

Ce grand classique de la cuisine est meilleur rassis et se conservera jusqu'à une semaine dans une boîte de métal ou en plastique hermétique.

*Le jour des confitures, la maison était en ébullition ! La bassine astiquée était rutilante, le sucre envahissait la maison, l'écumoire moussait, les odeurs de fruits nous attiraient et nous attendions avec impatience de pouvoir coller nos doigts sur les gouttes de confiture.*

# Confiture d'abricots

2 kg d'abricots bien mûrs
1,6 kg de sucre cristallisé

Lavez et coupez les abricots en deux. Retirez les noyaux et réservez-en quelques-uns.

Laissez macérer les abricots 24 heures dans un grand récipient avec le sucre.

Le lendemain, versez le mélange dans une bassine à confitures. Si les abricots ont rendu de l'eau, il n'est pas nécessaire d'en rajouter.

Faites cuire à feu vif pendant 15 à 20 minutes.

Retirez les amandes des quelques noyaux réservés et ajoutez-les à la confiture.

Mettez en pots et couvrez aussitôt.

## Le secret de grand-mère

**Le temps de cuisson des confitures est impossible à évaluer avec précision. Mais vous pouvez vérifier le degré de cuisson en versant quelques gouttes de sirop sur une assiette très froide. Si le sirop se solidifie et ne coule pas à son contact, la confiture est cuite !**

*Notre grand-mère avait toutes les peines du monde à réaliser ces confitures de framboises! Des petites mains grappillaient régulièrement ces petits fruits délicieux avant qu'ils n'atteignent la bassine à confiture !*

# Confiture de framboises

1 kg de framboises
800 g de sucre cristallisé
le jus de ½ citron

## Le secret de grand-mère

**Si vous utilisez des pots à couvercle métallique, après fermeture, retournez-les pendant quelques minutes sur le couvercle pour chasser l'air et assurer ainsi une bonne conservation.**

Versez les framboises dans une bassine à confitures avec le sucre et le jus de citron.

Faites cuire à feu vif en remuant souvent pendant une dizaine de minutes.

Vérifiez la cuisson en versant quelques gouttes de confiture sur le bord d'une assiette : elle est cuite lorsqu'elle fige immédiatement.

Versez la confiture dans des pots préalablement ébouillantés et laissez refroidir.

Préparez un carré de Cellophane un peu plus grand que le diamètre du pot. Avec une éponge neuve, mouillez un côté. Faites-le adhérer sur les bords du pot en tirant vers le bas, côté mouillé vers l'extérieur. Fermez avec un élastique.

*Quel plaisir d'admirer ces pots au couvercle à damier rouge et blanc alignés sur l'étagère de la cuisine ! Quel plaisir encore plus grand que d'ouvrir le premier pot et de plonger la cuillère dans cette gelée au goût si acidulé !*

# Gelée de groseilles

2 ou 3 kg de groseilles
le même poids de sucre que de jus obtenu

## Le secret de grand-mère

**Pour la cuisson, utilisez une bassine dont le volume est deux fois plus important que la confiture à cuire.**

Lavez les grappes de groseilles puis mettez-les dans une bassine à confitures avec un demi-verre d'eau ; ne préparez pas plus de 2 à 3 kg de fruits car au-delà, la gelée est difficile à travailler. Faites chauffer 5 minutes à feu vif en pressant avec le dos de l'écumoire pour faire éclater les fruits.

Pressez le jus et filtrez au travers d'une passoire fine recouverte d'un linge très fin.

Pesez le jus obtenu et ajoutez-lui le même poids de sucre.

Remettez dans la bassine et faites bouillir 3 minutes en écumant régulièrement.

Vérifiez la cuisson en versant quelques gouttes de gelée sur le bord d'une assiette : si elle fige rapidement, elle est assez cuite.

Versez immédiatement le sirop dans les pots préalablement ébouillantés.

Lorsque la gelée est froide, recouvrez d'une feuille de Cellophane dont vous aurez mouillé le côté extérieur. Faites adhérer sur les bords du pot en tirant vers le bas. Fermez avec un élastique.

*Intermédiaires entre biscuits et bonbons, ces gourmandises chocolatées aux couleurs de fruits confits et au goût de miel nous attiraient comme le nectar attire les abeilles.*

# Florentins

100 g d'amandes effilées
100 g de fruits confits
150 g de sucre semoule
150 g de crème fraîche épaisse
50 g de miel
50 g de farine
70 _ de beurre
200 g de chocolat noir

### Le secret de grand-mère

**La pâte des petits biscuits a tendance à s'étaler durant la cuisson ; espacez-les bien afin qu'ils ne collent pas entre eux.**

Débitez les fruits confits en très petits morceaux.

Dans une casserole, mélangez le sucre, le miel, le beurre et la crème fraîche. Portez doucement à ébullition. Laissez bouillir 5 minutes en remuant avec une spatule en bois.

Versez cette préparation sur les amandes et les fruits confits mêlés. Mélangez puis ajoutez la farine. Laissez tiédir.

Recouvrez votre plaque allant au four d'un papier sulfurisé beurré. Dressez-y des petits tas de pâte bien espacés.

Faites cuire 8 minutes au four à 170 °C (th. 5-6).

Lorsqu'ils sont dorés, décollez-les de la plaque et laissez-les refroidir sur une grille.

Faites fondre le chocolat au bain-marie puis laissez-le tiédir quelques instants.

À l'aide d'un pinceau, étalez une couche de chocolat sur l'envers lisse des florentins.

*Quand à l'heure du café, notre grand-mère sortait ses truffes au chocolat, les plus pressés se rasseyaient comme par enchantement. Les conversations reprenaient, les enfants passaient et repassaient le plat en n'oubliant pas de se servir…*

# Truffes au chocolat

**POUR UNE TRENTAINE DE BELLES TRUFFES**

200 g de chocolat noir
60 g de beurre
1 jaune d'œuf
4 cuil. à soupe de sucre glace
cacao en poudre non sucré
caissettes en papier

## Le secret de grand-mère

**Ajoutez à la pâte à truffes quelques gouttes d'extrait de vanille, un zeste d'orange ou 1 cuillerée à café d'alcool de menthe, et vos truffes seront transformées.**

Cassez le chocolat en morceaux et mettez-le dans une petite casserole avec 2 cuillerées à soupe d'eau. Posez la casserole dans une plus grande à demi remplie d'eau. Mettez le tout sur le feu et laissez fondre le chocolat ; quand un couteau y pénètre sans résistance, retirez du feu.

Ajoutez le beurre coupé en morceaux en remuant à la cuillère en bois.

Quand la pâte est lisse et brillante, ajoutez le jaune d'œuf, remuez bien. Incorporez enfin le sucre glace. Tournez bien pendant 3 minutes puis laissez au réfrigérateur quelques heures. La pâte doit être bien ferme.

Étalez la poudre de cacao sur une assiette. À l'aide de 2 petites cuillères, formez des boules de pâte de la grosseur d'une noix. Roulez-les dans le cacao.

Déposez chaque truffe dans une caissette en papier.

*Ces friandises au décor de couleurs ne manquaient jamais un anniversaire ! Nous les attendions aussi impatiemment et rituellement que le gâteau lui-même avec ses bougies dont le nombre changeait régulièrement.*

# Carrés de chocolat

200 g de biscuit genre petits-beurre
180 g de chocolat noir
150 g de beurre
+ 1 noix pour le moule
Smarties® ou décors en sucre de mimosa

## Le secret de grand-mère

**Pour faciliter l'émiettement des biscuits, placez-les entiers dans un sac en plastique propre (sac de congélation, par exemple) et écrasez-les au rouleau à pâtisserie.**

Émiettez tous les biscuits dans une terrine.

Cassez le chocolat en morceaux et faites-le fondre au bain-marie. Ajoutez le beurre coupé en petits morceaux et remuez jusqu'à obtention d'une pâte lisse et brillante.

Versez le mélange dans la terrine, mélangez bien avec les miettes de biscuits.

Beurrez un moule, versez la pâte en la tassant bien sur une épaisseur de 2 cm.

Laissez prendre pendant 2 heures au réfrigérateur.

Démoulez le gâteau puis coupez-le en carrés avec un couteau. Placez des Smarties® ou un décor en sucre de mimosa sur chaque carré.

*Lorsque par hasard les effluves de chocolat et de miel s'évadaient de la maison de Mimi, nous ne manquions pas d'entrer. Le moment était critique, la cuisson délicate. Quelques minutes de trop, les caramels brûlaient, quelques minutes en moins, ils durcissaient mal !*

# Caramels de Mimi

50 g de cacao non sucré
125 g de sucre
125 g de miel
120 g de crème fraîche épaisse
80 g de beurre
huile pour le moule

Huilez très largement un moule à caramels.

Dans une casserole à fond épais, mettez le cacao, le sucre, le miel, le beurre et la crème fraîche.

Faites fondre à feu doux en tournant lentement mais constamment à la cuillère en bois. Augmentez progressivement la chaleur.

Au bout d'un quart d'heure, vérifiez la cuisson : versez 1 cuillerée de pâte dans un bol d'eau froide ; le caramel doit former une boule plus ou moins dure suivant la consistance que vous souhaitez obtenir.

Lorsque le point de cuisson que vous attendiez est atteint, versez la pâte dans le moule et démoulez bien froid.

## Le secret de grand-mère

**Si vous ne possédez pas de moule à caramels, huilez très largement un moule plat carré ou rectangulaire. Versez la pâte. Pendant qu'elle est encore chaude, tracez de petits carrés avec la pointe d'un couteau huilé. Laissez refroidir complètement puis découpez les carrés de caramel préformés.**

*Friandises à déguster avec le café ou à offrir en cours de journée lors d'une visite, ces oranges confites avaient toujours leur place dans les boîtes secrètes de notre grand-mère et faisaient partie de ses petites gâteries.*

# Écorces d'oranges confites au chocolat

4 oranges non traitées à grosse peau
200 g de chocolat noir
250 g de sucre
25 g de beurre
½ litre d'eau

À l'aide d'un couteau, pelez les oranges avec précaution en retirant une grosse partie de la peau blanche.

Découpez les écorces en lanières d'un demi-centimètre de largeur.

Faites-les blanchir 5 minutes dans une casserole d'eau bouillante. Égouttez-les.

Faites un sirop avec l'eau et le sucre. Plongez les écorces dans le sirop frémissant et laissez cuire 1 heure 30 à 2 heures. Laissez-les ensuite refroidir 12 heures dans la casserole.

Dans un récipient, faites fondre le chocolat et le beurre coupés en morceaux au bain-marie.

Égouttez les écorces et trempez-les les unes après les autres dans le chocolat fondu.

Posez-les au fur et à mesure sur du papier sulfurisé le temps qu'elles refroidissent.

## Le secret de grand-mère

**Utilisez de préférence un chocolat noir bien corsé. Si vous ne les trempez pas dans le chocolat, vous pouvez vous servir de ces écorces d'oranges confites en accompagnement ou en décoration de différents gâteaux de votre choix.**

*La pâte d'amandes était notre pâte à modeler. Nous aidions notre grand-mère à remplir les fruits, à les rouler dans le sucre glace qui formait des nuages au-dessus de nos têtes puis les rangions délicatement dans des petites caissettes en papier.*

# Fruits déguisés

quelques pruneaux
quelques dattes
quelques noix
quelques amandes entières
sucre glace

**POUR LA PÂTE D'AMANDES**
250 g de poudre d'amandes
250 g de sucre glace
1 blanc d'œuf
quelques gouttes d'essence d'amande amère
colorants alimentaires

Mélangez la poudre d'amandes avec le sucre glace. Ajoutez l'essence d'amande amère.

Introduisez petit à petit le blanc d'œuf non battu. Pétrissez la pâte à la main pour l'assouplir. Si votre pâte atteint la consistance idéale avant l'introduction complète du blanc d'œufs, ne le mettez pas en totalité.

Partagez votre pâte en plusieurs morceaux. Ajoutez dans chacun 2 gouttes de colorant alimentaire de différentes couleurs.

Dénoyautez puis fendez les dattes et les pruneaux. Fourrez-les avec la pâte d'amandes puis roulez-les dans du sucre glace.

Décortiquez les noix pour libérer les cerneaux. Façonnez des petites boules de pâte. Incrustez de chaque côté un cerneau de noix ou une amande.

## Le secret de grand-mère

**Vous pouvez également utiliser cette pâte d'amandes en décor de pâtisserie. Pour une feuille de muguet par exemple, incorporez du colorant vert dans une partie de la pâte en vous réservant un peu de blanc. À l'aide d'un petit couteau, découpez la forme d'une feuille dont vous pincerez une des extrémités. Incurvez légèrement le centre de la feuille. Disposez sur cette partie un fin cordon de pâte en guise de tige. Roulez entre vos doigts de petites billes de pâte blanche puis disposez-les de part et d'autre de la tige.**

*Autrefois plantés dans les haies servant à délimiter les parcelles, les cognassiers donnent des fruits cotonneux dont on peut mesurer le degré de maturité par simple frottement : lorsqu'ils sont mûrs, le duvet s'enlève très facilement.*

# Pâte de coings

500 g de coings
550 g de sucre
20 g de gélifiant pour confiture
½ citron non traité
1 noix de beurre

## Le secret de grand-mère

**À la fin de la cuisson, vous pouvez aussi glisser la pâte dans un moule à cake tapissé de papier sulfurisé. Vous obtiendrez un pain de coings à découper en tranches au fur et à mesure de sa dégustation.**

Lavez les coings et le demi-citron puis coupez-les en quatre. Mettez les fruits dans une casserole à fond épais, recouvrez à peine d'eau et laissez cuire une vingtaine de minutes.

Ôtez le citron puis réduisez les fruits en purée à l'aide d'un moulin à légumes. Ajoutez 500 g de sucre.

Portez de nouveau à ébullition en ajoutant le gélifiant préalablement mélangé à 50 g de sucre.

En remuant constamment, ajoutez le beurre. Laissez cuire à gros bouillons 3 minutes.

Versez la pâte sur une plaque à rebords recouverte de papier sulfurisé.

Laissez durcir 2 ou 3 heures puis découpez en carrés. Pour la présentation, vous pouvez rouler ces pâtes de coings dans du sucre cristallisé.

*Gâteries appréciées dès la petite enfance, « ces gâteaux courts et dodus appelés petites madeleines semblent avoir été moulés dans la valve rainurée d'une coquille Saint-Jacques » (Marcel Proust). Et il est bien vrai qu'elles déclenchent un plaisir délicieux lié aux souvenirs...*

# Madeleines

125 g de beurre fondu
+ 1 noix pour les moules
150 g de sucre
2 gros œufs
150 g de farine
vanille en poudre, eau de fleur d'oranger ou zeste de citron râpé

Dans une terrine, battez le beurre et le sucre jusqu'à ce que le mélange mousse.

Ajoutez le parfum, les œufs l'un après l'autre puis la farine. La pâte doit être bien lisse.

Placer le moule au frais avant de les remplir. Le fait de déposer le moule froid sur une plaque chaude aidera à la formation de la petite bosse caractéristique de la madeleine.

Laissez reposer 1 heure à température ambiante pour que vos madeleines montent mieux.

Beurrez les moules à madeleines puis déposez 1 cuillerée à café de pâte dans chacun d'eux. Faites cuire au four préchauffé à 200 °C (th. 6-7) durant 15 minutes.

Démoulez aussitôt puis laissez refroidir.

## Le secret de grand-mère

**Pour que ces madeleines vous laissent un souvenir plus tendre, remplacez 50 g de sucre par 2 cuillerées à soupe de miel, que vous incorporerez en fin de préparation.**

# Desserts du placard

*Notre grand-mère ne se laissait pas prendre au dépourvu ! Qu'une visite se présente, elle avait toujours un petit gâteau à offrir, un biscuit à partager. Et lorsque, désœuvrés en fin d'après-midi, nous errions dans la cuisine à la recherche d'une occupation, de quelque chose à grignoter, elle ouvrait discrètement son placard à gourmandises et en sortait toujours une petite friandise qui nous faisait patienter jusqu'au dîner.*

*« Grand-mère, si nous faisions des sablés ? » En un clin d'œil, la pâte était prête et la table disponible. Nous retroussions nos manches, versions de la farine sur la table et manipulions le rouleau à pâtisserie. Puis, quel plaisir de découper des lunes…*

# Sablés

200 g de farine
100 g de sucre
100 g de beurre
 + 1 noix pour la plaque
1 œuf + 1 jaune
sel

## Le secret de grand-mère

**Si vous utilisez un beurre de très bonne qualité, ces sablés seront délicieux nature. Sinon, parfumez la pâte avec de la cannelle, un zeste de citron, de la vanille en poudre, du sucre vanillé, de l'anis en poudre ou de la fleur d'oranger.**

Dans une terrine, mélangez la farine, le sucre et une pincée de sel. Coupez le beurre en très petits morceaux. Travaillez la pâte du bout des doigts en l'effritant jusqu'à l'obtention d'un mélange jaune et sablonneux.

Ajoutez l'œuf entier. Travaillez grossièrement à la spatule puis à la main pour former une boule. Laissez reposer au frais.

Farinez légèrement votre plan de travail et étalez la pâte au rouleau. Découpez vos sablés à l'aide d'un emporte-pièce.

Disposez les sablés sur une plaque beurrée. Dorez-les au pinceau avec le jaune d'œuf puis faites-les cuire au four préchauffé à 210 °C (th. 7) durant 10 minutes.

Sortez-les du four dès qu'ils commencent à blondir, décollez-les aussitôt et faites-les refroidir sur une grille sans les superposer.

Ils se conserveront une dizaine de jours dans une boîte à biscuits.

*Avec un minimum d'organisation, la fabrication des tuiles s'avère très simple. Lorsque la pâte cuit, préparez votre rouleau à pâtisserie et dès leur sortie du four, disposez les tuiles sur le rouleau. La pâte s'arrondira et, en séchant, les tuiles conserveront leur forme.*

# Tuiles

200 g de sucre
100 g de beurre mou
+ 1 noix pour la plaque
100 g de farine
4 blancs d'œufs
1 cuil. à soupe de crème fraîche

Travaillez le beurre mou et le sucre dans un saladier. Incorporez les blancs non montés puis la farine et la crème fraîche. Mélangez le tout.

Disposez des petits tas de pâte sur une plaque à pâtisserie beurrée et farinée. Étalez-les en formant des ronds avec le dos d'une cuillère jusqu'à ce que la couche soit assez fine.

Faites cuire au four préchauffé à 210 °C (th. 7) durant 5 à 7 minutes.

Dès la sortir du four, décollez délicatement les tuiles puis posez-les encore chaudes sur un rouleau à pâtisserie.

Laissez-les refroidir, puis rangez-les dans une boîte à biscuits.

## Le secret de grand-mère

**Pour être sûr d'intervenir assez vite sur la forme de vos tuiles, faites-les cuire en plusieurs fournées. La pâte cuit très vite, vous ne perdrez pas beaucoup de temps mais éviterez bien des désagréments.**

*Lorsque nous lui réclamions ces langues-de-chat qui nous posaient tant de problèmes, notre grand-mère souriait : en avait-elle confectionné, de ces délicats biscuits, sans pourtant donner sa langue au chat ?*

# Langue-de-chat

2 gros œufs (soit 2 fois 60 g)
120 g de farine
120 g de beurre
120 g de sucre
zeste de citron
ou extrait de vanille
huile pour la plaque

Dans une terrine, fouettez le beurre ramolli avec le sucre jusqu'à obtenir un mélange mousseux.

Ajoutez les œufs un à un, puis la farine et le parfum choisi. Mélangez bien.

Huilez et farinez la plaque de votre four. Couchez la pâte en bâtonnets de la longueur d'un doigt et de la largeur d'un crayon en évasant légèrement les extrémités. Espacez bien les biscuits.

Faites cuire au four préchauffé à 210 °C (th. 7) pendant 5 minutes.

## Le secret de grand-mère

**Il existe désormais des plaques de cuisson spécifiques pour les langues-de-chat. Elles peuvent être utiles si vous en réalisez souvent.**

*Lors d'après-midi pluvieux, nous aimions jouer aux dames ou au loto. Mais notre plus grand plaisir était de retrouver ces palets de jeu sous forme de biscuits.*

# Palets de dames aux raisins

150 g de farine
120 g de sucre
120 g de beurre mou
2 gros œufs
40 g de raisins de Corinthe
1 cuil. à soupe de rhum
huile pour la plaque

Faites macérer les raisins secs quelques heures dans le rhum.

Dans une terrine, battez le beurre et le sucre jusqu'à obtenir un mélange mousseux.

Ajoutez les œufs un à un, puis versez la farine d'un coup ; mélangez bien.

Égouttez les raisins puis incorporez-les à la préparation.

Huilez et farinez une plaque. À l'aide d'une cuillère à café, déposez sur la plaque des petits tas de pâte de la grosseur d'une noisette en les espaçant régulièrement.

Faites cuire 5 ou 6 minutes au four préchauffé à 210 °C (th. 7).

Lorsque les gâteaux sont dorés sur le pourtour, ils sont prêts !

## Le secret de grand-mère

**Si vous êtes friand de chocolat, supprimez les raisins et faites cuire vos palets nature. Pendant ce temps, faites fondre 100 g de chocolat au bain-marie. Mélangez avec 60 g de crème fraîche épaisse. Lorsque les biscuits ont refroidi, étalez un peu de crème sur l'envers et collez-les deux par deux.**

*Petit gâteau sec de forme ronde, le macaron aurait été introduit à la cour de France par Catherine de Médicis à son retour de Venise. Les plus réputés furent élaborés par les sœurs Macarons !*

# Macarons

4 blancs d'œufs
150 g de poudre d'amandes
250 g de sucre en poudre
1 sachet de sucre vanillé
1 noix de beurre pour la plaque
sel

## Le secret de grand-mère

**Avant de les coller deux à deux, vous pouvez fourrer les macarons avec une confiture, de framboises par exemple.**

Dans une terrine, mélangez la poudre d'amandes et les sucres.

Battez les blancs en neige avec le sel. Incorporez-les rapidement à la préparation précédente.

Recouvrez une plaque d'un papier sulfurisé beurré. Disposez-y des petits ronds de pâte en les espaçant régulièrement.

Faites cuire au four à 190 °C (th. 6) pendant 12 minutes environ.

À la sortie du four, détachez-les rapidement de la plaque.

Laissez-les reposer quelques minutes sur une tôle humide puis collez-les deux à deux.

*À l'image de la noix de coco, ces rochers camouflent sous leur coque dorée un intérieur délicieusement blanc, à la chair épaisse et cassante. Un petit souffle d'exotisme dans les réserves de notre grand-mère !*

# Rochers à la noix de coco

200 g de noix de coco en poudre
200 g de sucre en poudre
2 sachets de sucre vanillé
4 blancs d'œufs
sel

Mélangez le sucre en poudre, le sucre vanillé, le sel et les blancs d'œufs – non battus en neige.

Faites chauffer doucement cette préparation au bain-marie et remuez constamment jusqu'à ce que le sucre soit fondu.

Incorporez progressivement la poudre de noix de coco à ce mélange.

Disposez, en les espaçant bien, des petits tas de pâte sur une plaque de four recouverte d'un papier de cuisson huilé.

Faites cuire à four doux, entre 120 et 140 °C (th. 3-4), jusqu'à ce que les rochers soient dorés, soit une vingtaine de minutes.

## Le secret de grand-mère

**Au sortir du four, enlevez rapidement les rochers de la plaque de cuisson, sinon vous aurez beaucoup de difficultés à les détacher. Laissez-les refroidir sur une grille.**

*Il s'agit de « pain récupéré », mais l'expression « pain perdu » sonne plus joliment à nos oreilles. Ces tranches de pain dorées et sucrées à souhait, délicieusement fondantes sous le palais, font bien vite oublier leur appellation usurpée.*

# Pain perdu

- toutes les tranches de pain rassis dont vous disposez
- 1 œuf
- 1 verre de lait
- beurre
- sucre

### Le secret de grand-mère

**Afin que ce dessert ait un peu de tenue, il est très important de ne pas imbiber totalement les tranches de pain.**

Battez l'œuf avec le lait.

Trempez rapidement les tranches de pain rassis dans ce mélange, en les retirant avant qu'elles ne soient complètement imbibées.

Faites fondre le beurre dans la poêle.

Passez les tranches de pain à la poêle, 2 minutes de chaque côté.

Posez-les dans l'assiette de service, saupoudrez-les de sucre et dégustez-les quand c'est encore chaud.

*Comme le pain perdu, ce pudding permettait d'utiliser les restes de pain. Il était toutefois plus commode pour la cuisinière car elle pouvait le préparer à l'avance et rester ainsi avec sa famille durant tout le repas.*

# Pudding au pain

100 g de pain rassis
3 œufs
½ litre de lait
100 g de sucre
50 g de raisins secs
1 zeste d'orange
½ gousse de vanille
1 noix de beurre pour le moule

Faites bouillir le lait avec la gousse de vanille fendue. Versez le lait sur le pain. Laissez gonfler.

Ajoutez les œufs, le sucre et le zeste d'orange. Mixez le tout. Ajoutez les raisins.

Versez cette préparation dans un moule à cake beurré. Faites cuire au four préchauffé à 210 °C (th. 7) durant 1 heure.

Laissez refroidir le pudding avant de le renverser sur le plat de service.

## Le secret de grand-mère

**Vous pouvez servir ce dessert avec une crème anglaise ou un coulis de fruits (dans ce cas, supprimez le zeste d'orange), et remplacer les raisins par des fruits confits ou des pruneaux dénoyautés.**

*Serait-ce un financier, « personne en charge des affaires d'argent », qui conseilla la réalisation de ce gâteau permettant d'utiliser des blancs d'œufs voués à la perdition ? Quoi qu'il en soit, les financiers ne se perdent pas, ils se gardent même plusieurs jours.*

# Financiers

200 g de sucre
125 g de poudre d'amandes
50 g de farine
5 blancs d'œufs
100 g de beurre fondu
+ 1 noix pour le moule
quelques gouttes d'essence d'amande amère

## VARIANTE

*Ajoutez 120 g de sucre et 25 g de pâte à pistache sucrée pour avoir des financiers à la pistache. Mais n'oubliez pas d'enlever l'essence d'amande amère.*

Dans un saladier, mélangez le sucre, la poudre d'amandes, la farine et les blancs d'œufs non montés en neige.

Versez le beurre fondu en continuant de mélanger.

Versez la pâte dans de petits moules à financier beurrés ou un classique moule à tarte.

Faites cuire environ 12 minutes au four préchauffé à 220 °C (th. 7) et un peu plus longtemps (environ 5 minutes). Si vous avez utilisé un moule à tarte (le résultat est tout aussi délicieux ; il s'agit alors d'un grand gâteau à partager).

Démoulez et dégustez froid

### Le secret de grand-mère

**Attendez que les financiers soient bien froids avant de les ranger car la chaleur se transformerait en humidité et vos gâteaux adhéreraient au plat ou se colleraient les uns aux autres.**

*Après un goûter, le paquet de biscuits est resté entamé, quelques-uns ont été mangés, les autres rangés dans une boîte pour le lendemain. Les jours passent, les gâteaux sont toujours là et ne tentent plus personne. C'est le moment de les utiliser comme base de ce dessert.*

# Gâteaux aux mille gâteaux

40 à 45 biscuits
de type petits-beurre
120 g de beurre bien frais
8 cuil. à soupe de sucre
2 œufs
1 tasse de café

**POUR LE GLAÇAGE**
200 g de chocolat
50 g de beurre

## Le secret de grand-mère

**Les enfants aiment particulièrement les couleurs : décorez votre gâteau avec des vermicelles de chocolat, des boules de mimosa ou des Smarties®.**

Travaillez ensemble le beurre, le sucre et les jaunes d'œufs. Malaxez suffisamment longtemps pour obtenir une crème mousseuse. Battez les blancs d'œufs en neige. Incorporez-les à la crème.

Trempez les biscuits dans un café tiède, quelques instants seulement pour ne pas trop les ramollir.

Sur un plat de service, disposez une couche de biscuits ; recouvrez d'une couche de crème puis renouvelez l'opération en finissant par une couche de biscuits.

Faites fondre le chocolat en morceaux dans 1 cuillerée à soupe d'eau. Hors du feu, ajoutez le beurre puis mélangez à la spatule jusqu'à ce que la pâte soit lisse et brillante. Recouvrez le gâteau.

Passez ce gâteau au moins 4 heures au réfrigérateur. Il sera encore meilleur le lendemain.

*Ce gâteau de texture très aérée permet d'accompagner légèrement les crèmes, les compotes et les salades de fruits. Notre grand-mère nous en glissait parfois une part dans notre cartable pour combattre une éventuelle petite faim en cours de journée.*

# Gâteau mousseux

7 blancs d'œuf
250 g de sucre
1 zeste de citron
60 g de farine
75 g de fécule
100 g de beurre
+ 1 noix pour le moule

Battez les blancs d'œufs en neige bien ferme.

Ajoutez le zeste râpé, le sucre, la farine et la fécule en mélangeant toujours au batteur électrique.

Incorporez le beurre fondu tiède en utilisant encore le batteur.

Versez cette préparation dans un moule à manqué beurré et fariné.

Laissez cuire 45 minutes à 190 °C (th. 6).

Démoulez chaud puis laissez refroidir avant de le servir.

## Le secret de grand-mère

**Vous pouvez remplacer le zeste de citron par un zeste d'orange.**

# Desserts du dimanche

*Comme le dit Antonin Carême d'une manière bien misogyne pour notre époque : « Le dessert a été perfectionné pour retenir les jeunes filles, les jeunes femmes et les enfants à table dans les entretiens de la famille. Le dessert, dans ce cas, prolonge délicieusement le repas. »*

*Heureusement, compréhensive, notre grand-mère nous laissait nous échapper et nous réservait une part, le temps que s'achève notre partie endiablée de balle au prisonnier ou de petits chevaux.*

*Autrefois, chaque ferme laissait ses excédents de lait au repos dans un endroit frais. Le petit-lait récolté faisait alors le bonheur de certains gourmands, tandis que le caillé était dégusté avec du sucre et de la crème fraîche, ou assaisonné avec des herbes.*

# Gâteau au fromage blanc

250 g de fromage blanc
3 œufs
150 g de sucre
75 g de farine
+ 1 cuil. à soupe pour le moule
1 sachet de levure
1 cuil. à soupe d'eau de fleur d'oranger
1 noix de beurre pour le moule
sel

## Le secret de grand-mère

**En variant les parfums, vous n'hésiterez pas à resservir ce dessert facile à réaliser : vous pouvez par exemple remplacer l'eau de fleur d'oranger par un zeste de citron râpé ou un zeste d'orange.**

Si vous utilisez un fromage blanc faisselle, laissez égoutter le fromage blanc à travers une passoire fine puis fouettez-le quelques instants.

Dans une terrine, mélangez bien les jaunes d'œufs, le sucre et le fromage blanc. Ajoutez peu à peu la farine additionnée de la levure puis la fleur d'oranger.

Montez les blancs en neige ferme avec une pincée de sel.

Incorporez-les délicatement au mélange précédent.

Versez la préparation dans un moule à manqué beurré et fariné.

Glissez au four préchauffé à 200 °C (th. 6-7), pour environ 40 minutes en surveillant la cuisson : si le gâteau colore trop vite, recouvrez-le d'une feuille de papier sulfurisé pour le protéger de la chaleur du four.

Laissez refroidir avant de servir.

*Ne soyez pas effrayé par la longue préparation que nécessite ce gâteau, il est d'une grande facilité d'exécution et constitue, au printemps, le dessert par excellence des grandes réunions familiales.*

# Gâteau aux fraises

200 g de fraises très parfumées
1 génoise
quelques feuilles en pâte d'amandes verte

**POUR LA CRÈME**
¼ de litre de lait
1 œufs + 1 jaune
50 g de sucre
25 g de Maïzena
150 g de fraises
2 feuilles de gélatine
eau de fleur d'oranger

**POUR LE SIROP**
75 g de sucre
10 cl d'eau
2 cuil. à soupe de kirsch

**POUR LA PÂTE D'AMANDES**
250 g de poudre d'amandes
250 g de sucre glace
2 petits blancs d'œufs
essence d'amande amère
colorant alimentaire rouge

Préparez la crème : faites bouillir le lait. Pendant ce temps, fouettez l'œuf entier, le jaune et le sucre dans une terrine, puis ajoutez la Maïzena. Incorporez le lait bouillant en remuant bien puis remettez le tout dans la casserole sur le feu. Laissez épaissir en fouettant.

Retirez la crème du feu puis incorporez la gélatine que vous aurez préalablement fait ramollir dans de l'eau froide. Mixez les fraises avec quelques gouttes d'eau de fleur d'oranger puis incorporez-les à la crème.

Préparez le sirop : faites bouillir l'eau et le sucre puis ajoutez le kirsch hors du feu.

Préparez la pâte d'amandes : mêlez la poudre d'amandes avec le sucre glace, quelques gouttes d'essence d'amande amère et petit à petit les blancs d'œufs non battus. Pétrissez la pâte à la main pour l'assouplir. Ajoutez le colorant.

Lavez les fraises et coupez-les en lamelles. Gardez-en quelques-unes pour le décor. Retirez la croûte de la génoise, achetée chez un boulanger, sur les côtés et le dessus puis découpez 3 disques égaux. Imbibez ces tranches de sirop.

Tapissez un moule à manqué de papier sulfurisé. Foncez-le de la pâte d'amandes. Posez un disque de génoise par-dessus. Recouvrez-le de la moitié de la crème aux fraises et de la moitié des fraises coupées en lamelles. Puis posez le deuxième disque et recouvrez du reste de crème et de fraises coupées. Terminez avec le dernier disque. Tassez et posez une assiette dessus.

Mettez au réfrigérateur 12 heures. Démoulez délicatement et décorez de fraises et de feuilles en pâte d'amandes.

*Après nous avoir servis, notre grand-mère guettait les premiers signes de surprise puis de ravissement que provoquait ce gâteau au chocolat pas comme les autres. Il fait le bonheur des gourmands : croustillant sur le dessus et onctueux en son cœur.*

# Gâteau tout chocolat

250 g de chocolat noir
150 g de beurre
  + 1 noix pour le moule
250 g de sucre
  + 1 cuil. à soupe pour le moule
4 gros œufs
125 g de farine
1 verre de lait, soit 15 cl de lait
sel

## VARIANTE

*À l'époque des noix, ajoutez 125 g de noix décortiquées et hachées au mélange beurre-chocolat puis procédez comme précédemment, en utilisant seulement 125 g de beurre et 100 g de farine.*

Dans une casserole, à feu très doux, faites fondre le chocolat cassé en morceaux dans le verre de lait. Écartez du feu puis mélangez pour obtenir une pâte lisse et brillante. Ajoutez le beurre ramolli en mélangeant bien. Laissez refroidir.

Fouettez les jaunes d'œufs avec le sucre jusqu'à ce que le mélange devienne mousseux ; ajoutez à la pâte de chocolat.

Remuez constamment en versant la farine de manière à éviter la formation de grumeaux.

Finissez votre dessert par l'adjonction des blancs montés en neige ferme avec une pincée de sel.

Versez dans un moule largement beurré et saupoudré de sucre semoule, dont vous aurez éliminé l'excédent en le retournant. Faites cuire 40 minutes dans un four préchauffé à 160 °C (th. 5) en laissant la porte fermée durant 30 minutes.

## Le secret de grand-mère

**Faites fondre le chocolat à feu très doux afin qu'il conserve son arôme et son brillant ; une chaleur brusque le rend granuleux et amer. Il fond plus rapidement cassé en très petits morceaux ou râpé. Ne remuez que lorsque la totalité des morceaux est fondue.**

*Ce gâteau à l'ananas, baptisé pina par les Espagnols et pine apple (pomme de pin) par les Anglais en raison de la ressemblance du fruit avec la pomme de pin, distille immanquablement un parfum d'exotisme à la fin du repas dominical.*

# Gâteau caramélisé à l'ananas

1 boîte d'ananas au sirop
200 g de farine
150 g de sucre
1 sachet de sucre vanillé
½ paquet de levure chimique
3 œufs
90 g de beurre fondu
1 noix de beurre pour le moule
sel

**POUR LE CARAMEL**
16 morceaux de sucre
3 cuil. à soupe d'eau

## Le secret de grand-mère

**N'utilisez pas de spatule pour étaler le caramel, inclinez simplement le moule. Les tranches d'ananas peuvent être remplacées par des oreillons d'abricots ou de pêches.**

Battez les jaunes d'œufs avec le sucre en poudre et le sucre vanillé jusqu'à l'obtention d'un mélange mousseux. Ajoutez le beurre fondu puis la farine mêlée à la levure.

Battez les blancs en neige bien ferme avec une pincée de sel puis incorporez-les à la préparation.

Beurrez et caramélisez un moule à manqué : posez le moule contenant les morceaux de sucre mouillés sur feu moyen. Surveillez constamment la cuisson. Dès que le sucre prend une coloration dorée, retirez du feu et inclinez le moule de manière à ce que le caramel le recouvre dans sa totalité.

Tapissez le fond du moule avec les rondelles d'ananas. Recouvrez de pâte.

Faites cuire au four préchauffé à 210 °C (th. 7) durant 30 minutes.

Démoulez à la sortie du four et recouvrez avec le moule, une vingtaine de minutes, le temps que le caramel tombe bien sur le gâteau.

*Étrangement, cette recette me vient du Sénégal, transmise par « Tata Jaja », tante adoptive, qui me l'avait faite déguster sur place à M'Bao. Je l'ai baptisée antillaise du fait de ses saveurs typées des îles : vanille, rhum...*

# Tarte antillaise

5 tranches d'ananas
2 bananes
3 œufs
50 g de sucre roux
25 cl de crème liquide
1 cuil. à soupe de rhum
quelques gouttes de vanille liquide

**POUR LA PÂTE**
200 g de farine
100 g de beurre
25 g de sucre
5 cl d'eau
1 pincée de sel

## Le secret de grand-mère

**Saupoudrez la tarte d'une cuillerée à soupe de noix de coco râpée avant de l'enfourner.**

Préparez la pâte brisée. Dans un saladier, mettez la farine, le sucre et la pincée de sel. Ajoutez le beurre ramolli en morceaux, mélangez bien avec les doigts. Versez l'eau, formez rapidement une boule, puis enveloppez la pâte dans du papier film. Laissez la reposer au frais 1h.

Sortez la pâte du réfrigérateur et étalez-la sur un plan de travail avec de la farine, puis mettez-la dans un moule à tarte beurré. Piquez le fond avec une fourchette.

Allumez le four à 180 °C (th. 6).

Dans un récipient, battez les œufs avec le sucre, la crème, le rhum et la vanille.

Disposez les tranches d'ananas coupées en deux ou en quatre et les bananes en rondelles sur le fond de tarte.

Versez l'appareil aux œufs par-dessus.

Enfournez pour 40 minutes.

*Classique, ce biscuit de Savoie fait le bonheur des grandes tablées improvisées. En fonction des saisons, on peut le servir avec une compotée de fruits du verger, le fourrer de crème au beurre aromatisée au café ou l'accompagner d'une confiture de groseilles.*

# Biscuit de Savoie

5 œufs
200 g de sucre
+ 1 cuil. à soupe pour le moule
70 g de fécule de pomme de terre
50 g de farine
1 noix de beurre pour le moule
sel

## Le secret de grand-mère

**Avec ce gâteau, toutes les combinaisons sont possibles. Il sera particulièrement léger si vous remplacez la farine par de la fécule, et très savoureux mais moins aéré si vous utilisez uniquement de la farine de froment.**

Cassez les œufs en disposant les blancs dans une terrine, les jaunes dans une autre. Travaillez les jaunes avec le sucre durant 10 bonnes minutes afin d'obtenir un mélange blanchâtre et mousseux, formant un ruban autour de la spatule. Puis ajoutez la farine et la fécule en mélangeant.

Préchauffez votre four à 180 °C (th. 5-6).

Montez les blancs en neige très ferme avec une pincée de sel. Incorporez le quart de cette neige à la pâte puis battez un peu pour l'aérer.

Ajoutez très délicatement le restant des blancs en soulevant la pâte de bas en haut afin de ne pas les abîmer.

Beurrez grassement un moule à biscuit de Savoie ou, à défaut, un moule à manqué, puis saupoudrez-le légèrement de sucre semoule en le renversant pour rejeter l'excédent. Versez la pâte dans le moule puis faites cuire pendant environ 40 à 45 minutes en évitant d'ouvrir la porte du four durant les 30 premières minutes.

Sortez le biscuit du four lorsqu'il est doré et gonflé : il doit résister à la pression des doigts et la lame d'un couteau plongée en son centre doit ressortir parfaitement sèche.

Démoulez-le sur une grille pour l'y laisser refroidir. La croûte formée est délicieusement sucrée et fendillée par endroits.

*Servi immédiatement après cuisson, ce soufflé nous apparaît gonflé et doré : un vrai régal de plonger la cuillère dans ce dessert si moelleux.*

# Soufflé au chocolat

200 g de chocolat noir
¼ de litre de lait
5 œufs + 1 blanc
125 g de sucre
+ 1 cuil. à soupe pour les moules
1 sachet de sucre vanillé
2 cuil. à soupe rases de Maïzena
1 cuil. à soupe de calvados
ou d'armagnac
1 noix de beurre pour les moules
sel

## Le secret de grand-mère

**Même si vous êtes tenté de le faire, n'ouvrez surtout pas le four avant la fin de la cuisson, la température diminuerait, provoquant une retombée de votre dessert. Votre soufflé est cuit lorsqu'il est gonflé, doré, légèrement fendillé en son milieu : fiez-vous à votre œil et évitez d'y plonger la lame d'un couteau qui pourrait être responsable de sa chute !**

Beurrez un grand moule à soufflé ou huit petits ; pour un meilleur résultat, préparez 2 ou 3 soufflés de taille moyenne plutôt qu'un seul. Saupoudrez l'intérieur de sucre puis retournez-les pour en éliminer l'excédent. Placez les moules au réfrigérateur.

Dans un récipient, fouettez les jaunes d'œufs avec le sucre. Lorsque le mélange devient mousseux, incorporez la Maïzena.

Faites bouillir le lait avec le sucre vanillé. Hors du feu, versez-le sur les jaunes en mélangeant bien.

Remettez à feu doux en remuant sans cesse jusqu'à ce que la préparation épaississe. Versez dans un récipient, parfumez avec l'alcool puis laissez refroidir.

Préchauffez votre four à 200 °C (th. 6-7).

Au bain-marie, faites fondre le chocolat en morceaux dans 4 cuillerées à soupe d'eau.

Montez les 6 blancs en neige très ferme avec une pincée de sel. Incorporez délicatement la moitié des blancs au chocolat fondu ; ajoutez ce mélange à la crème aux œufs puis le restant des blancs.

Versez cette préparation dans les moules jusqu'aux deux tiers de la hauteur, puis passez la lame du couteau le long de la paroi.

Faites cuire vos soufflés pendant 20 à 25 minutes jusqu'à ce qu'ils soient bien gonflés et servez-les aussitôt.

*Un soufflé n'attend pas ! Notre hôtesse calculait notre temps passé à table, disparaissait pour monter les blancs en neige avant d'enfourner son dessert. Quand le dessert arrivait, elle s'asseyait tranquillisée.*

# Soufflé au Grand Marnier

¼ de litre de lait
5 œufs + 1 blanc
100 g de sucre semoule
+ 1 cuil. à soupe pour le moule
1 cuil. à soupe de farine
30 g de beurre
+ 1 noix pour le moule
2 biscuits à la cuillère
2 verres à liqueur de Grand Marnier
1 gousse de vanille
sucre glace
sel

## Le secret de grand-mère

**L'utilisation du blanc d'œuf supplémentaire n'est pas indispensable, mais elle permet d'obtenir une préparation plus légère et plus aérienne.**

Faites chauffer le lait avec la gousse de vanille fendue puis laissez infuser dans la casserole.

Imbibez les biscuits d'alcool avec un pinceau puis coupez-les en trois.

Préchauffez votre four à 200 °C (th. 6-7).

Cassez les œufs pour séparer les blancs des jaunes.

Dans une casserole, faites fondre le beurre puis ajoutez la farine et laissez cuire 1 minute en remuant constamment. Versez doucement le lait en mélangeant, puis faites bouillir 2 minutes sans cesser de remuer. Hors du feu, ajoutez le sucre semoule, les jaunes ainsi que le Grand Marnier.

Beurrez largement un moule à soufflé puis saupoudrez-le de sucre. Renversez le moule et retirez-en l'excédent en tapotant le fond.

Montez les blancs en neige très ferme avec une pincée de sel. Ajoutez-les délicatement à la préparation aux œufs.

Remplissez le moule au tiers de sa hauteur. Parsemez de morceaux de biscuits imbibés d'alcool puis finissez de le remplir jusqu'aux deux tiers.

Faites cuire au four pendant 20 à 25 minutes. Saupoudrez de sucre glace à la sortie du four et servez le soufflé immédiatement.

*Enfants, nous rêvions en découvrant ces îlots blancs flottants sur leur océan de crème anglaise. Avec notre cuillère, nous les aidions à se déplacer ; puis ne pouvant y résister, nous engloutissions ces bateaux fondants et craquants de caramel avec leur crème sucrée.*

# Îles flottantes

½ litre de lait
6 œufs
80 g de sucre en poudre
+ 1 cuil. à soupe pour les blancs
1 poignée d'amandes
grillées effilées
1 gousse de vanille

**POUR LE CARAMEL**
200 g de sucre en morceaux ;
soit 40 morceaux de sucre
4 cuil. à soupe d'eau
quelques gouttes de jus de citron

**POUR LE POCHAGE**
¼ de litre de lait
½ litre d'eau

## Le secret de grand-mère

**Faites votre caramel suffisamment à l'avance afin qu'il soit à peine tiède au moment du nappage : une trop forte température brûlerait les blancs.**

À feu vif, préparez un caramel avec le sucre, l'eau et les quelques gouttes de jus de citron. Lorsque le caramel est bien blond, mettez la casserole au-dessus de l'évier et versez-y un demi-verre d'eau. Remettez sur le feu 1 minute puis laissez refroidir.

Portez le lait à ébullition avec la gousse de vanille fendue.

Pendant ce temps, battez les jaunes d'œufs avec 80 g de sucre jusqu'à ce que le mélange blanchisse. Versez le lait bouillant en remuant, puis remettez à feu doux. Remuez continuellement jusqu'à ce que la crème nappe la cuillère. Retirez la crème du feu avant la première ébullition. Laissez refroidir.

Dans une sauteuse, faites chauffer le liquide de pochage constitué de lait et d'eau. Pendant ce temps, battez 5 blancs en neige très ferme avec 1 cuillerée à soupe de sucre.

À l'aide d'une cuillère à soupe trempée dans de l'eau froide, prélevez des îlots de blancs et pochez-les 3 minutes de chaque côté dans le liquide tout juste frémissant – ne le laissez jamais bouillir.

Égouttez longuement les blancs sur un linge propre ou du papier absorbant. Cet égouttage minutieux contribue à la bonne tenue des îles.

Répartissez la crème anglaise dans des ramequins. Disposez les îlots blancs par-dessus puis nappez de caramel. Parsemez d'amandes grillées effilées.

*Notre grand-mère avait plus d'un tour dans son sac pour parvenir à nous surprendre. Ce gâteau en forme de tarte, d'apparence si ordinaire, renferme un inoubliable goût d'embruns bretons. Extrêmement moelleux, il continue d'en faire craquer plus d'un !*

# Gâteau chocolat au beurre salé

200 g de chocolat noir
150 g de beurre salé
+ 1 noix pour le moule
150 g de sucre
3 œufs
50 g de farine

Préchauffez votre four à 180 °C (th. 5-6).

Cassez le chocolat en morceaux puis faites-le fondre au bain-marie dans 3 cuillerées à soupe d'eau.

Dans une terrine, travaillez le beurre mou avec le sucre.

Ajoutez la farine, les œufs un à un en remuant énergiquement puis le chocolat fondu.

Glissez cette préparation dans un moule à tarte beurré et enfournez pour 20 minutes. Laissez tiédir avant de démouler.

## Le secret de grand-mère

**Remplacez le chocolat noir par du chocolat à cuisiner au caramel.**

*L'arrivée de la mousse au chocolat sur la table familiale ranime nos souvenirs d'enfance. La générosité et la tendresse qu'elle dégage proviennent sans doute de ce volume impressionnant qui est partagé sans compter entre tous les gourmands présents.*

# Mousse au chocolat

300 g de chocolat noir corsé
7 œufs extra-frais
120 g de beurre
70 g de sucre semoule fin
sel

## Le secret de grand-mère

**Si vous aimez le café, ajoutez au chocolat fondu 1 cuillerée de café soluble. Au moment de servir, disposez sur la mousse quelques grains de café.**

Dans une petite casserole, faites fondre à feu très doux le chocolat cassé en morceaux avec 3 cuillerées à soupe d'eau. Mélangez hors du feu pour obtenir une pâte lisse et brillante. Incorporez le beurre ramolli puis le sucre semoule. La pâte doit être très homogène.

Cassez les œufs en séparant les blancs des jaunes.

Ajoutez les jaunes au chocolat.

Avec une pincée de sel, montez les blancs en neige très ferme dans un saladier puis incorporez-les au mélange précédent.

Versez dans une grande jatte puis laissez au réfrigérateur pendant au moins 3 heures.

*Quel plaisir de voir arriver à la fin d'un copieux repas ces coupes emplies d'une sorte de neige aux reflets jaunes présageant d'un bien-être délicieux ! Dès la première cuillerée, la mousse fondait au contact du palais, le citron nous envahissait de sa fraîcheur.*

# Mousse au citron

2 citrons non traités
3 œufs
3 cuil. à soupe de sucre
1 cuil. à soupe rase de Maïzena

Prenez des citrons bien juteux, lavez-les puis recueillez-en le jus dans une casserole et râpez les zestes au-dessus de cette dernière.

Diluez la Maïzena avec le jus de citron puis ajoutez les jaunes d'œufs ainsi que la moitié du sucre.

Mélangez vivement puis faites épaissir à feu doux en remuant constamment. Laissez refroidir.

Montez les blancs en neige ferme avec le restant de sucre. Incorporez-les à la crème.

Répartissez la mousse dans des coupes. Mettez-les à rafraîchir quelques heures au réfrigérateur. Servez bien froid.

## Le secret de grand-mère

**Pour obtenir une délicieuse mousse à l'orange, procédez de la même manière en remplaçant les citrons par 2 oranges. Utilisez un peu plus de Maïzena (1 cuillerée à soupe bombée plutôt que rase). Vous pouvez ajouter 1 cuillerée à soupe de Cointreau ou de Grand Marnier.**

*Un nuage de fraîcheur à déguster à l'ombre d'un figuier, par une chaude journée estivale ! Mangues, fraises kiwis, framboises... peuvent enrichir à merveille cette préparation légère et vaporeuse.*

# Mousses de fromage blanc au coulis de framboises

250 g de fromage blanc
250 g de crème fraîche
3 blancs d'œuf
100 g de sucre
1 pincée de sel

**POUR LE COULIS**
300 g de framboises fraîches ou surgelées
50 g de sucre
1 jus de citron
5 cl d'eau

## Le secret de grand-mère

**Le coulis peut être préparé avec d'autres fruits rouges, des fraises, ou encore de la mangue, etc. Dans ce cas, pensez à diminuer le sucre.**
**Pour plus de facilité, vous pouvez aussi servir ces mousses dans des verrines ou des coupes en verre, dans ce cas, versez un peu de coulis au fond des verrines, puis remplissez de la préparation au fromage blanc avant de laisser au frais.**

Fouettez le fromage blanc avec la crème pendant 5 minutes jusqu'à ce que le mélange soit assez ferme.

Montez les blancs en neige avec une pincée de sel. Quand les blancs commencent à être un peu fermes, ajoutez le sucre, puis continuez jusqu'à ce qu'ils tiennent bien.

Incorporez délicatement les blancs dans la préparation au fromage en tournant de haut en bas.

Remplissez des petits ramequins individuels avec cette mousse, puis placez-les au frais minimum 2 à 3 heures.

Pendant ce temps, confectionnez le coulis. Mélangez les framboises, le sucre et le jus du citron avec 5 cl d'eau, puis mixez-les. Vous pouvez passer cette préparation au travers d'une passoire fine pour enlever les pépins.

Au moment de servir, démoulez les mousses sur des assiettes en passant la lame d'un couteau sur les bords afin de les décoller.

Versez le coulis de fruits tout autour. Décorez avec une rondelle de kiwi, des fraises, des groseilles, des feuilles de menthe... Servez bien frais.

*Avec son nom d'apparat, le diplomate trônait sur la table du dimanche pour saluer un événement. Les adolescents étaient fiers de participer aux réjouissances en partageant ce gâteau réservé par principe à leurs aînés.*

# Pudding diplomate

¾ de litre de lait
5 œufs
40 g de sucre
25 biscuits à la cuillère
100 g de fruits confits
4 cuil. à soupe de kirsch

**POUR LA CRÈME ANGLAISE**
¼ de litre de lait
3 jaunes d'œufs
2 cuil. à soupes bombées de sucre en poudre
½ gousse de vanille

## Le secret de grand-mère

**Versez très lentement la préparation sur les biscuits afin de leur laisser le temps de gonfler en s'imbibant, vous leur éviterez de remonter à la surface lors de la cuisson et vous obtiendrez un gâteau très moelleux.**

Coupez les fruits confits en petits dés puis faites-les macérer dans la moitié du kirsch.

Faites bouillir le lait dans une casserole ; pendant ce temps, battez les œufs avec le sucre. Versez sur le lait bouillant en mélangeant bien.

Couvrez le fond d'un moule à charlotte avec du papier sulfurisé et étalez dessus les fruits confits.
Prévoyez une quantité suffisante de biscuits à la cuillère pour tapisser le moule. Coupez les biscuits en 3 ou 4 puis répartissez-les contre la paroi verticale du moule.

Versez d'abord délicatement un peu de la préparation au lait sur les biscuits afin de les imbiber progressivement, puis répandez le restant dans le moule.

Faites cuire au bain-marie une petite heure à four chaud, soit 200 °C (th. 6-7).

Durant la cuisson, préparez la crème anglaise. Faites bouillir le lait avec la vanille. Dans une terrine, battez les 3 jaunes d'œufs avec le sucre. Sur ce mélange, versez le lait bouillant puis remettez sur le feu en remuant sans cesse avec une spatule en bois. Retirez du feu dès que la crème nappe la cuillère. N'attendez pas l'ébullition, la crème se décomposerait. Lorsqu'elle est tiède, ajoutez le kirsch restant.

Sortez votre diplomate du four. Il est cuit lorsque la lame d'un couteau en ressort intacte. Faites-le refroidir d'abord à température ambiante puis au réfrigérateur. Démoulez-le lorsqu'il est très froid et entourez-le de crème anglaise.

*Lors de goûters chez les voisines, une recette passait de main en main. « Curieux mais délicieux » disait-on ! Cette pâte à la consistance sablonneuse qui nous arrive d'Outre-Manche et recouvre indifféremment toutes sortes de fruits. Ce gâteau est un succès !*

# Crumble aux pommes et fruits rouges

6 pommes
250 g de fruits rouges mélangés (frais ou surgelés)
200 g de farine
200 g de sucre + 20 g à saupoudrer
100 g de beurre + 1 noix pour le plat
cannelle

## Le secret de grand-mère

**Remplacez les fruits rouges par une banane en rondelle. Dans ce cas, à la place du sucre, diluez 1 cuil. à soupe de miel avec 1 cuil. à café d'eau de fleur d'oranger que vous verserez sur le dessus. Râpez un zeste d'orange sur les pommes et dans la pâte à crumble. Remplacez les pommes par des poires, et mélangez-y quelques pépites de chocolats.**

Allumez le four à 180 °C (th.6).

Dans un saladier, mélangez la farine, 200 g de sucre, le beurre mou et la cannelle avec les doigts, jusqu'à obtenir une consistance de sable.

Pelez les pommes, retirez les pépins et coupez-les en petits cubes.

Mettez-les dans un grand plat à gratin beurré. Disposez les fruits rouges sur le dessus.

Saupoudrez de sucre en poudre.

Disposez la pâte sur le dessus de façon à avoir une couche uniforme, et tassez avec les mains.

Enfournez pour 40 minutes.

Servez tiède.

# Desserts de fêtes

*De l'hiver au printemps, de Noël à Pâques, les fêtes ponctuaient le renouveau de la nature.*

*Nous attendions tous pendant des semaines la longue veillée d'hiver du 24 décembre, et nous la vivions comme une rupture totale avec le quotidien – l'ambiance était à la magie, à la lumière, à la joie enfantine, à l'espérance des bienfaits futurs.*

*Le temps béni voué aux divertissements, entre le dimanche des Rois et le mercredi des Cendres, était pour nous ponctué d'événements festifs, au premier rang desquels figurait la Chandeleur ou fête des chandelles, le 2 février.*

*Puis, le jour de Pâques, nous étions toujours impatients de partir à la recherche des œufs cachés dans le jardin et émus de les découvrir dans la rosée fraîche du matin.*

*Pour un goûter de Noël ou un buffet, vous aimerez servir ces petites bûches individuelles faciles à réaliser et à offrir.*

# Mini-bûches

250 g de chocolat noir
200 g de biscuit à la cuillère
200 g de beurre mou
3 jaunes d'œufs
150 g de sucre glace
150 g de poudre d'amandes
2 cuil. à café d'extrait de café
4 cuil. à soupe de cacao

Passez les biscuits au mixeur.

Faites fondre le chocolat au bain-marie dans 1 cuillerée à soupe d'eau. Hors du feu, ajoutez le beurre mou. Lorsque la pâte est lisse et brillante, incorporez les jaunes d'œufs, le sucre, la poudre d'amandes, les biscuits et le café. Mettez 2 heures au réfrigérateur.

Lorsque la pâte est prise, versez le cacao dans une assiette. Confectionnez les bûches en les roulant dans le cacao.

Laissez au réfrigérateur encore 1 heure avant de servir.

## Le secret de grand-mère

**Pour la décoration, laissez libre cours à votre imagination : du sucre glace, des vermicelles de chocolat, des petites meringues réalisées avec les blancs d'œufs restant, des grains de café...**

*Durant cette longue veillée d'hiver du 24 décembre, l'ambiance était à la magie, à la lumière, à la joie enfantine, à l'attente… Cette bûche de Noël, gâteau symbolique de la fin du repas faisait penser aux rondins que l'on brûlait autrefois dans la cheminée.*

# Bûche à la crème

**POUR LA CRÈME AU BEURRE**

150 g de beurre mou
2 jaunes d'œufs
¼ de litre de lait
1 cuil. à soupe bombée de sucre
1 cuil. à soupe de farine
1 cuil. à soupe de Maïzena
2 cuil. à soupe de café soluble

**POUR LE BISCUIT**

4 œufs
100 g de sucre
50 g de Maïzena
50 g de farine
quelques gouttes d'extrait de vanille
huile, sel

**POUR LE NAPPAGE**

150 g de chocolat noir
50 g de beurre

## Le secret de grand-mère

**Tout est question de goût ! Si vous n'aimez pas le café, faites une crème avec de l'extrait de vanille, quelques gouttes de liqueur ou du chocolat. Si vous n'aimez pas le chocolat, préparez davantage de crème au beurre et utilisez l'excédent pour le nappage.**

Commencez par préparer la crème : faites bouillir le lait avec le café. Dans une terrine, travaillez les jaunes d'œufs et le sucre ; fouettez avec la farine et la Maïzena. Versez le lait bouillant sur le mélange. Battez au fouet puis remettez sur le feu en tournant.

Retirez après ébullition. Laissez refroidir. Quand la sauce est froide, mettez-la dans une terrine avec le beurre en pommade. Mélangez au batteur quelques minutes.

Pour réaliser le biscuit, tapissez un moule rectangulaire ou la plaque du four avec du papier sulfurisé grassement huilé. Préchauffez le four à 210 °C (th. 7).

Cassez les œufs en séparant les jaunes des blancs. Travaillez les jaunes avec le sucre jusqu'à l'obtention d'un mélange mousseux, puis ajoutez la farine, la Maïzena et la vanille.

Battez les blancs en neige très ferme avec une pincée de sel. Incorporez-les à la pâte puis coulez la préparation dans le moule ; laissez cuire 7 minutes. Pendant ce temps, préparez un torchon propre et humide.

Quand le gâteau est cuit, posez la plaque du four sur votre plan de travail. Retournez le gâteau sur le torchon humide, ôtez le papier sulfurisé, roulez le gâteau dans le torchon et laissez refroidir. Déroulez puis garnissez de crème ; roulez à nouveau très serré. Avec la lame bien coupante d'un couteau, régularisez les extrémités.

Pour le nappage, faites fondre au bain-marie le chocolat dans une cuillerée à soupe d'eau. Hors du feu, ajoutez le beurre en morceaux ; remuez pour obtenir une pâte lisse. Étalez-la sur la bûche.

*Ce dessert est beaucoup plus simple à réaliser qu'une bûche classique mais n'en connaîtra pas moins un beau succès. Lors d'une promenade en forêt, vous aurez récolté des châtaignes bien charnues, et les aurez stérilisées en bocaux en prévision des fêtes de fin d'année.*

# Bûche aux marrons

1 kg de marrons (châtaignes)
200 g de chocolat noir
125 g de beurre mou
100 g de sucre glace
+ 1 cuil. à soupe pour décorer

## Le secret de grand-mère

**Cette recette sera très rapide à confectionner si vous utilisez une boîte de marrons entiers au naturel.**

Fendez les marrons. Faites-les cuire à l'eau bouillante puis enlevez les 2 peaux.

Dans une casserole, faites fondre le chocolat au bain-marie avec 1 cuillerée à soupe d'eau. Mélangez de manière à obtenir une pâte lisse et brillante.

Hors du feu, incorporez le beurre très mou, le sucre glace et les marrons préalablement écrasés à la fourchette. Travaillez bien la pâte de manière à obtenir un mélange homogène.

Versez la pâte sur une feuille d'aluminium puis roulez-la en forme de bûche. Placez 2 heures dans le réfrigérateur puis 30 minutes au freezer.

Retirez la feuille d'aluminium, disposez sur un plat de service. Dessinez des rainures avec les dents d'une fourchette pour simuler l'écorce puis saupoudrez de sucre glace.

*Notre grand-mère aimait en cette période de fêtes confectionner un savarin, gâteau créé au début du XIXe siècle par le maître pâtissier italien. Elle en remplissait la cheminée de chantilly, de crème pâtissière ou de fruits au sirop, puis le décorait de branchettes de houx.*

# Savarin

250 g de farine
3 œufs
85 g de beurre fondu
+ 1 noix pour le moule
10 g de levure de boulanger
25 g de sucre
1 cuil. à café rase de sel

**POUR LE SIROP**
½ litre d'eau
250 g de sucre
½ gousse de vanille
ou 1 zeste de citron ou d'orange
½ verre à moutarde de rhum
ou de kirsch

## Le secret de grand-mère

**Pour imbiber au mieux le gâteau, respecter la différence de température : versez le sirop brûlant sur le gâteau froid, ou éventuellement un sirop parfaitement refroidi sur le gâteau sortant du four. Dans les deux cas, récupérez le jus qui s'écoule dans le plat pour arroser de nouveau le gâteau jusqu'à ce qu'il en soit complètement imprégné.**

Délayez la levure dans 4 cuillerées à soupe d'eau tiède.

Placez la farine dans une terrine : creusez une fontaine au milieu pour y verser la levure puis les œufs. Mélangez ces éléments sans prendre la farine. Ajoutez le sucre et le sel. Pétrissez en incorporant petit à petit la farine de l'intérieur du puits.

Battez la pâte avec la main jusqu'à ce qu'elle se décolle du plan de travail. Ajoutez alors 4 cuillerées à soupe d'eau.

Pratiquez une incision dans la pâte dans laquelle vous verserez le beurre fondu. Mélangez encore.

Beurrez un moule à savarin. Versez la pâte dans ce moule en ne le remplissant qu'au tiers.

Laissez la pâte lever une bonne heure à température ambiante. Lorsqu'elle a atteint les bords du moule, faites cuire au four préchauffé à 200 °C (th. 6-7) pendant 25 minutes environ. Démoulez chaud puis laissez refroidir.

Préparez le sirop : faites bouillir dans une casserole l'eau, le sucre et le parfum choisi jusqu'à ce que le mélange nappe la cuillère. Ajoutez l'alcool.

Disposez le savarin sur un plat de service. Versez le sirop très chaud à de nombreuses reprises pour laisser au gâteau le temps de s'en imbiber. Vous pouvez remplir le centre de crème chantilly, de crème pâtissière ou d'une salade de fruits.

*Ce dessert, d'une onctuosité exceptionnelle, doit sans doute son nom à son raffinement. Il sera délicieux accompagné de tuiles aux amandes ou de financiers confectionnés avec les blancs d'œufs restants.*

# Marquise de chocolat

300 g de chocolat
200 g de beurre
3 jaunes d'œufs
60 g de sucre semoule
1 verre de lait
1 sachet de sucre vanillé
huile pour le moule

## Le secret de grand-mère

**Pour parfumer au café ce dessert, ajoutez 1 cuillerée à soupe de café soluble dans le lait. Si vous préférez l'alcool, ajoutez 2 cuillerées à soupe de kirsch dans le mélange chocolat-beurre.**

Faites bouillir le lait avec le sucre vanillé.

Dans une terrine, battez les jaunes d'œufs avec le sucre semoule pour obtenir un mélange mousseux. Versez lentement le lait très chaud en tournant régulièrement.

Remettez dans la casserole et tournez à feu doux jusqu'à ce que le mélange soit lié. Retirez avant les premiers bouillons en tournant encore quelques instants hors du feu pour que la chaleur diminue.

Dans une autre casserole, faites fondre doucement le chocolat avec 3 cuillerées à soupe d'eau ; tournez à la cuillère en bois pour obtenir une pâte parfaitement lisse.

Hors du feu, incorporez le beurre en morceaux. Si vous possédez un four à micro-ondes, pour faire fondre le chocolat et le beurre, cassez le chocolat et le beurre en morceaux, ajoutez 2 cuillerées à soupe d'eau, laissez 2 minutes à 750 W. Sortez du four et fouettez le chocolat pour obtenir une pâte bien lisse.

Lorsque le mélange est bien homogène, ajoutez la crème précédente et battez au fouet durant 10 minutes (si vous avez un robot, laissez-le travailler à votre place).

Tapissez de papier sulfurisé huilé un moule à charlotte et versez-y la préparation chocolatée.

Mettez au réfrigérateur au moins 4 heures puis démoulez et servez avec une crème anglaise à la vanille.

*Le chocolat permet de décorer la plupart des desserts avec des copeaux râpés, de la poudre de cacao, des vermicelles multicolores, ou de manière plus sophistiquée mais attendez toujours que le dessert soit froid !*

# Décors en chocolat

chocolat noir

## Le secret de grand-mère

**Si vous laissez sécher les feuilles sur le rouleau à pâtisserie, elles auront une forme incurvée.**

**ROULEAUX EN CHOCOLAT**

Faire fondre du chocolat puis étalez-le sur une surface dure et plane (la tôle de votre four, par exemple) en une couche régulière et fine.

Laissez-le se raffermir quelques instants seulement pour le garder malléable avant de réaliser les rouleaux : enfoncez la lame d'un couteau inclinée à 45° ; poussez-la doucement devant vous, le chocolat se détache en bandes et prend la forme de rouleaux.

**FEUILLES EN CHOCOLAT**

Pour confectionner des feuilles, ramassez des feuilles non toxiques, celles du houx par exemple car elles sont rigides. Lavez-les puis séchez-les.

Avec un pinceau, enduisez l'envers des feuilles, là où les nervures sont le plus marquées, d'une bonne couche de chocolat.

Placez-les sur un plateau et laissez-les durcir 30 minutes au réfrigérateur. Détachez alors la feuille en chocolat de la feuille végétale.

*Autrefois, la fève était réellement une légumineuse (fève, pois ou haricot), mais trop de rois désignés par le sort se soustrayaient à leurs devoirs en l'avalant purement et simplement. C'est ainsi qu'elle fut remplacée par un bébé en porcelaine, symbole de « l'Enfant Roi ».*

# Le gâteau des Rois provençal

250 g de farine
90 g de beurre mou
1 gros œuf ou 2 petits
70 g de sucre
12 g de levure de boulanger
1 cuil. à soupe d'eau de fleur d'oranger
fruits confits

**POUR LE GLAÇAGE**

2 cuil. à soupe de sucre glace
2 cuil. à soupe d'eau de fleur d'oranger

## Le secret de grand-mère

**Cette pâte se travaille avec la paume de la main. N'ayez pas peur de la manipuler ; gardez auprès de vous un récipient contenant un peu de farine pour vous fariner les mains régulièrement.**

Mélangez la levure émiettée à 1 cuillerée à soupe de farine ; diluez avec la fleur d'oranger. Placez la boule compacte obtenue dans un bol d'eau tiède. Lorsque la boule remonte à la surface, le levain a pris.

Dans une terrine, travaillez à la main la farine, le sucre, le beurre ramolli et l'œuf ; ajoutez le levain égoutté. Lorsque vous avez obtenu une boule non collante, tapez-la dans le fond du récipient.

Placez la pâte dans un saladier. Recouvrez-la d'un torchon bien propre et laissez-la gonfler quelques heures près d'une source de chaleur. Faites-la retomber au moins 2 fois en la tapotant avec légèreté mais efficacité sur votre plan de travail.

Lorsqu'elle a bien levé, disposez-la en couronne sur la plaque du four. Posez les morceaux de fruits confits sur le dessus et n'oubliez pas de cacher la fève. Laissez lever 30 minutes.

Faites cuire au four préchauffé à 220 °C (th. 7), entre 10 et 15 minutes.

Laissez refroidir puis badigeonnez la couronne avec un sirop préparé en mouillant le sucre glace avec la fleur d'oranger.

*Frangipane : cette crème à base de poudre d'amandes doit son nom et son origine au célèbre Romain de Frangipani, parfumeur à Paris sous Louis XIII.*

# Galette des Rois à la frangipane

2 pâtes feuilletées rondes

**POUR LA FRANGIPANE**
75 g de beurre
150 g de poudre d'amandes
1 œuf
125 g de sucre
2 ou 3 gouttes d'essence d'amande amère
1 cuil. à soupe de rhum

**POUR DORER**
1 jaune d'œuf

Travaillez la poudre d'amandes avec le sucre et le beurre ramolli, ajoutez l'œuf battu, l'essence d'amande amère et le rhum.

Versez ce mélange sur une première pâte feuilletée en laissant 2 cm sur le pourtour. N'oubliez surtout pas la fève.

Mouillez le bord au pinceau puis recouvrez d'une autre pâte. Appuyez sur les bords afin de les souder. Festonnez le pourtour de la galette avec le dos d'un couteau.

Dorez le dessus avec le jaune d'œuf battu. Faites un petit trou au centre de la galette. Réalisez des décorations à l'aide d'une fourchette, puis mettez à cuire 30 minutes dans un four préchauffé à 210 °C (th. 7).

Dégustez tiède.

## Le secret de grand-mère

**Pour une crème frangipane comme chez le pâtissier, ajoutez 120 g de crème pâtissière à la crème aux amandes.**

*Petites crêpes épaisses d'origine normande, ces crépiaux sont une variante de la crêpe fine traditionnelle. Ils permettent d'utiliser les dernières pommes un peu ridées, à l'image de cet hiver qui n'en finit pas de sévir.*

# Crépiaux aux pommes

**POUR 6 PETITES CRÊPES**

3 grosses pommes
170 g de farine
40 cl de lait
2 œufs
½ sachet de sucre vanillé
1 citron
5 cuil. à soupe de cassonade
2 cuil. à soupe de calvados
2 cuil. à café de cannelle
50 g de beurre
sel

Dans un saladier, battez les œufs avec le sucre vanillé. Ajoutez petit à petit la farine, 30 cl de lait, une pincée de sel et 20 g de beurre fondu. Parfumez avec le calvados.

Pendant que la pâte repose, pelez les pommes, retirez les pépins puis coupez les fruits en fines lamelles.

Pressez le citron et arrosez les pommes avec le jus.

Faites confire les pommes dans le beurre restant avec la cannelle et la cassonade. Réservez.

Rallongez la pâte avec le restant de lait puis mélangez.

Commencez à faire cuire des petites crêpes épaisses. Faites chauffer une poêle graissée. Versez une louche de pâte. Garnissez de quelques lamelles de pommes confites.

Laissez cuire à feu moyen en couvrant la poêle de manière à ce que la crêpe cuise uniformément.

## Le secret de grand-mère

**Ces crépiaux sont délicieux chauds accompagnés d'une cuillerée de crème fraîche.**

*Notre grand-mère faisait toujours sauter les crêpes d'une main, l'autre enfermant une pièce de monnaie, et demandait aux petits-enfants de faire un vœu. Si la crêpe se retournait sans difficulté, prospérité et fortune accompagneraient le retour des beaux jours.*

# Crêpes

250 g de farine
50 g de sucre
3 œufs
½ litre de lait
50 g de beurre fondu
rhum, Grand Marnier
ou eau de fleur d'oranger
huile
sel

## VARIANTE

*Si vous remplacez un demi-verre de lait par l'équivalent en bière, vos crêpes seront légères et soufflées. Enrichissez la pâte de petits morceaux de pommes, de noix broyées ou encore de raisins secs.*

### Le secret de grand-mère

**Si vos crêpes ne sont pas dégustées sur-le-champ, empilez-les sur une assiette, recouvrez-les d'une feuille d'aluminium et posez le tout sur une casserole d'eau chaude.**

Dans une terrine, versez la farine et creusez en son centre une fontaine. Dans ce creux, mettez le sucre, une pincée de sel et les œufs. Mélangez tous ces éléments à l'aide d'un fouet en incorporant la farine petit à petit par l'intérieur du puits. Ajoutez le lait par petites quantités en tournant jusqu'à ce que la pâte devienne lisse.
Si des grumeaux persistent, passez la pâte au travers d'une passoire fine. Ajoutez le beurre et le parfum choisi. Mélangez.

Recouvrez la terrine d'un torchon bien propre puis laissez reposer 1 heure.

Préparez une coupelle d'huile ainsi qu'une boule de papier absorbant pour graisser la poêle. Faites chauffer la poêle graissée.

Versez une petite louche de pâte. Basculez la poêle en tous sens afin de répartir la pâte sur toute la surface de la poêle.

Laissez dorer puis retournez la crêpe. Faites cuire le second côté puis glissez la crêpe sur une assiette. Recommencez l'opération jusqu'à épuisement de la pâte.

Servez avec du sucre, de la confiture, ou en aumônières, en garnissant chaque crêpe de crème pâtissière ou d'une compote de fruits, avant de relever les bords pour fermer la crêpe avec une lanière taillée dans une gousse de vanille.

*Ces crêpes peuvent être confectionnées à l'avance et passées au four durant le repas. Le rituel de la crêpe qui saute en présence de chacun est alors délaissé, mais ce dessert gagne en dignité et peut devenir celui d'un grand jour !*

# Crêpes soufflées au Grand Marnier

**POUR LA PÂTE À CRÊPES**
125 g de farine
25 g de sucre
2 œufs
¼ de litre de lait
25 g de beurre
5 cl de Grand Marnier

**POUR LA CRÈME PÂTISSIÈRE**
¼ de litre de lait
2 jaunes d'œufs
50 g de sucre
50 g de farine
3 blancs d'œufs
5 cl de Grand Marnier
zeste d'orange

Réalisez la pâte à crêpes (comme indiqué page 160) puis laissez-la reposer au frais.

Confectionnez la crème pâtissière. Faites bouillir le lait dans une casserole avec le zeste d'orange. Dans une jatte, battez les jaunes d'œufs avec le sucre et la farine. Versez sur le lait bouillant. Remettez la casserole sur le feu et faites cuire la crème à feu doux en remuant constamment.

Lorsque la crème a épaissi, ajoutez le Grand Marnier puis laissez refroidir. Incorporez les 3 blancs d'œufs montés en neige ferme. Faites cuire les crêpes à la poêle.

Garnissez les crêpes avec la crème puis roulez-les.

Disposez-les dans un plat beurré puis passez-les 5 minutes à 230 °C (th. 7-8).

Servez aussitôt.

## Le secret de grand-mère

**Pour réussir vos crêpes, faites préchauffer la poêle et réglez le feu à une température moyennement vive : trop doux, les crêpes ne sont pas saisies ; trop vif, elles brûlent sans cuire.**

*Pâtisseries très anciennes, les gaufres abondaient déjà au Moyen Âge, les jours de fêtes, sur les parvis des cathédrales, à la porte des églises et même au coin des rues. Aujourd'hui encore, elles ont le goût des fêtes foraines, des manèges et des foires.*

# Gaufres

300 g de farine
½ litre de lait
100 g de beurre fondu
75 g de sucre
2 œufs
8 g de levure de boulanger
sel

Versez la farine dans un récipient, creusez un puits dans lequel vous mettrez le sucre, une pincée de sel, les œufs, le beurre fondu et la levure diluée dans un peu de lait tiède. Pour des gaufres plus légères et plus croustillantes, vous pouvez battre les blancs en neige.

Mélangez le tout en incorporant petit à petit le lait. Laissez reposer 1 heure.

Faites cuire dans un gaufrier bien chaud pendant environ 2 minutes de chaque côté.

Servez immédiatement, saupoudré de sucre glace, tartiné de confiture, de miel, de crème de marrons, de pâte chocolatée, de chantilly, de compote de fruits…

## Le secret de grand-mère

**Vous pouvez personnaliser votre pâte en la parfumant avec de la fleur d'oranger, du rhum, de la vanille, de la cannelle et même des graines d'anis !**

*L'abbaye de Baume-les-Dames, en Franche-Comté, fut le berceau de ces beignets soufflés à base de pâte à choux que sont les pets-de-nonne. Certains, trouvant l'expression un peu triviale, les rebaptisèrent « soupirs-de-nonne » !*

# Pets-de-nonne

150 g de farine
5 œufs
¼ de litre de lait
50 g de beurre
1 cuil. à soupe de sucre semoule
1 zeste de citron
sucre glace
bain de friture

## Le secret de grand-mère

**Ajoutez dans la pâte 1 zeste de citron, un peu de fleur d'oranger, ou encore une petite cuillerée de rhum.**

Faites chauffer dans une casserole, le lait avec le zeste de citron, le sucre semoule et le beurre coupé en morceaux.

Hors du feu, versez la farine d'un coup – c'est essentiel pour la réussite de la pâte.

Tournez avec la cuillère en bois puis remettez sur le feu sans cesser de tourner pour dessécher la pâte. Lorsque la pâte se détache des parois, retirez du feu.

Ajoutez les œufs un à un ; ne passez au suivant que lorsque le précédent est totalement incorporé à la pâte.

Faites chauffer le bain de friture. À l'aide de 2 cuillères à café, formez de petites boules de pâte. Jetez-les ensuite dans l'huile en les retournant une fois.

Lorsqu'ils sont bien dorés, égouttez-les sur du papier absorbant. Saupoudrez de sucre glace et dégustez aussitôt.

*Bugnes à Lyon, chichifregi à Nice, beugnons dans le Berry, merveilles des Landes, tourtisseaux, roussettes, guenilles, grenelons, fritelles... Partout l'huile crépitait, le sucre glace valsait, les beignets parfumaient les cuisines...*

# Beignets de carnaval

250 g de farine
50 g de sucre semoule
40 g de beurre fondu
2 œufs
1 cuil. à café d'armagnac, de rhum, de Cointreau ou d'eau de fleur d'oranger
sel
sucre glace
bain de friture

## Le secret de grand-mère

**Testez la température du bain de friture avec un morceau de pain blanc (l'huile est à point s'il dore en 30 secondes), et prenez votre temps : si vous faites frire trop de beignets à la fois, ils provoqueront une chute de température et se gorgeront d'huile en attendant d'être saisis.**

Battez dans un récipient les œufs en omelette avec une pincée de sel, le parfum et le sucre semoule.

Versez la farine dans une terrine. Creusez un puits en son centre pour y mettre le beurre fondu et le mélange œufs-sucre. Travaillez bien cette pâte puis laissez reposer 2 ou 3 heures au frais.

Farinez le plan de travail pour étaler la pâte assez finement.

Coupez des bandes de 3 ou 4 cm de largeur sur 10 cm de longueur ; roulez-les sans serrer en forme de rubans, ou nouez-les. Vous pouvez aussi les découper en bandes sur lesquelles vous tracerez des incisions en long ou en travers, en losanges, en carrés ou en rectangles, au couteau ou avec une roulette dentelée.

Plongez-les dans le bain d'huile bouillant ; laissez-les cuire 4 ou 5 minutes en les retournant. Égouttez-les sur du papier absorbant. Saupoudrez de sucre glace et servez chaud, tiède ou froid.

# Pâques

*En ce jour de Pâques, rien de tel qu'un gâteau en forme de nid pour recueillir les œufs apportés par les cloches — un gâteau riche et parfumé à souhait qui rappellera aussi que le carême est bel et bien terminé.*

# Gâteau de Pâques

200 g de chocolat noir
4 œufs
125 g de sucre
100 g de beurre
+ 1 noix pour le moule
75 g de farine
60 g de poudre d'amandes
1 cuil. à café de levure

Faites fondre le chocolat au bain-marie avec 3 cuillerées à soupe d'eau. Hors du feu, ajoutez le beurre en morceaux. Mélangez jusqu'à ce que vous obteniez une pâte lisse et brillante.

Dans une terrine, battez les œufs avec le sucre jusqu'à ce que le mélange blanchisse. Ajoutez la farine tamisée avec la levure puis la poudre d'amandes. Mélangez avec le chocolat.

Versez la préparation dans un moule à savarin beurré. Faites cuire 30 minutes au four préchauffé à 200 °C (th. 6-7). Démoulez tiède sur le plat de service.

## Le secret de grand-mère

**Pour la décoration, parsemez le dessus du gâteau de vermicelles de chocolat et servez-vous du centre creux comme d'un nid : disposez à l'intérieur des petits œufs en sucre de couleurs.**

*Ce gâteau de fête est frais comme le printemps renaissant. Ses couleurs, orange et blanc, sont celles des œufs, symbole du jour, des premières fleurs, de la nature qui s'éveille…*

# Gâteau fondant à l'orange

2 oranges non traitées
200 g de poudre d'amandes
200 g de sucre
4 œufs

**POUR LE GLAÇAGE**
200 g de sucre glace
1 orange

**POUR LA PRÉSENTATION**
1 orange
cerises confites
angéliques confites

## Le secret de grand-mère

**Pour un glaçage réussi, le mélange doit être épais et peu coulant ; s'il est trop liquide, rattrapez-le en rajoutant un peu de sucre glace.**

Faites préchauffer le four à 150 °C (th.4).

Dans un saladier, battez les jaunes d'œufs avec 150 g de sucre jusqu'à ce que le mélange blanchisse.

Lavez 1 orange, râpez son zeste puis versez-le dans la préparation.

Ajoutez le jus des 2 oranges ainsi que la poudre d'amandes.

Montez les blancs en neige ferme. Ajoutez petit à petit les 50 g de sucre restant.

Incorporez délicatement les blancs à l'appareil.

Beurrez largement un moule à manqué. Posez dans le fond un cercle de papier sulfurisé du diamètre du moule. Versez la préparation puis enfournez et laissez cuire 50 minutes.

Démoulez le gâteau froid.

Préparez le glaçage. Pressez l'orange, versez le jus petit à petit sur le sucre glace en remuant constamment. Vous devez obtenir une pâte blanche assez épaisse. Ne mettez donc pas la totalité de l'orange si elle est très juteuse.

Étalez ce glaçage sur le gâteau à l'aide d'une spatule.

Laissez prendre le glaçage au frais puis décorez avec des tranches d'orange coupées finement et des fruits confits.

*Enfants, nous nous réjouissions à la vue de cette montagne de choux à la crème ; enfin un dessert à notre mesure ! Un chou, deux choux, trois choux, quel délice ! Mais le meilleur restait à venir.*

# Choux à la crème

**POUR LA PÂTE À CHOUX**

125 g de farine
60 g de beurre
4 œufs
1 cuil. à café de sucre
¼ de litre d'eau
sel

**POUR LA CRÈME PÂTISSIÈRE**

½ litre de lait
80 g de sucre
50 g de farine
3 jaunes d'œufs
½ gousse de vanille

**POUR LA PRÉSENTATION**

sucre glace
chocolat fondu ou caramel

## Le secret de grand-mère

**Si vous ne possédez pas de poche à douille, aidez-vous de 2 cuillères à café pour disposer les boules de pâte sur la tôle. Lorsque les choux sont cuits, fendez-les délicatement par le dessous pour introduire la crème.**

Commencez par la pâte à choux : dans une casserole, faites bouillir l'eau, une pincée de sel, le sucre et le beurre en morceaux. Hors du feu, ajoutez, en une seule fois, la farine.

Tournez activement avec une spatule en bois jusqu'à ce que la pâte soit lisse. Remettez sur le feu pour dessécher la pâte sans cesser de tourner durant 4 ou 5 minutes. Sortez du feu lorsque la pâte se décolle des parois. Ajoutez alors les œufs un à un ; ne passez au suivant que lorsque le précédent est totalement incorporé à la pâte.

Mettez cette pâte dans une poche à douille munie d'une douille de 1,5 cm de diamètre. Déposez des petites boules de pâte sur une plaque farinée en les espaçant légèrement. Faites-les cuire 20 minutes au four préchauffé à 180 °C (th. 5-6).

Pendant ce temps, préparez la crème pâtissière : faites bouillir le lait avec la demi-gousse de vanille fendue.

Dans une terrine, mélangez les jaunes d'œufs, le sucre et la farine. Versez le lait bouillant en fouettant bien. Remettez à cuire pendant 2 ou 3 minutes en remuant constamment. Laissez refroidir la crème dans un grand bol.

Faites un petit trou sous chaque chou. Remplissez-les en vous aidant d'une douille de la grosseur d'un crayon. Saupoudrez les choux de sucre glace ou, pour une belle présentation, disposez-les en pyramide puis recouvrez-les soit de chocolat fondu, soit de caramel.

*Puisqu'en cette période de Pâques, petits et grands gourmets espéraient des desserts au chocolat, grand-mère s'attachait à ne pas nous décevoir. Le nom bien prometteur de ce « succès » était à l'image de sa popularité. Avant de le servir ; elle se plaisait à le décorer..*

# Succès au chocolat

300 g de chocolat
6 blancs d'œufs
180 g de poudre d'amandes
150 g de sucre
4 cuil. à soupe de crème fraîche
1 sachet de sucre vanillé
1 cuil à soupe bombée de cacao en poudre non sucré
1 noix de beurre pour la plaque

Faites fondre au bain-marie le chocolat dans 2 cuillerées à soupe d'eau. Hors du feu, ajoutez la crème fraîche et le sucre vanillé ; fouettez vigoureusement pour obtenir un mélange homogène et brillant. Laissez refroidir.

Montez les blancs d'œufs en neige bien ferme. Mélangez le sucre et la poudre d'amandes ; incorporez aux blancs.

Beurrez largement puis farinez une plaque allant au four. Étalez la pâte de manière à ce qu'elle forme 2 disques de 20 cm de diamètre. Laissez cuire au four préchauffé à 230 °C (th. 7-8) durant 8 minutes.

Sur le plat de service, disposez le premier disque. Garnissez-le du mélange chocolat-crème fraîche sur une épaisseur d'environ 1 cm. Recouvrez du deuxième disque puis réservez au frais pendant 1 heure.

Étalez le reste du mélange chocolaté sur le gâteau, lissez et saupoudrez de cacao.

## Le secret de grand-mère

**Avec les jaunes d'œufs non utilisés, vous pouvez faire une crème anglaise pour accompagner ce gâteau.**